从零开始学炒股

道氏理论

股震子◎著

中国宇航出版社
·北京·

U0956009

版权所有　侵权必究

图书在版编目（CIP）数据

从零开始学炒股．道氏理论 / 股震子著．-- 北京 : 中国宇航出版社，2019.5
ISBN 978-7-5159-1614-9

Ⅰ．①从… Ⅱ．①股… Ⅲ．①股票投资－基本知识 Ⅳ．①F830.91

中国版本图书馆CIP数据核字(2019)第066744号

策划编辑	田芳卿	**责任校对**	卢　珊
责任编辑	许　可	**装帧设计**	宇星文化

出版发行	**中国宇航出版社**		
社　址	北京市阜成路8号	**邮　编**	100830
	(010)60286808		(010)68768548
网　址	www.caphbook.com		
经　销	新华书店		
发行部	(010)60286888		(010)68371900
	(010)60286887		(010)60286804(传真)
零售店	读者服务部		
	(010)68371105		
承　印	北京天顺鸿彩印有限公司		
版　次	2019年5月第1版		2019年5月第1次印刷
规　格	787×960	**开　本**	1/16
印　张	13.5	**字　数**	160千字
书　号	ISBN 978-7-5159-1614-9		
定　价	42.00元		

本书如有印装质量问题，可与发行部联系调换

趋势为王，顺势而赢

（代前言）

道氏理论常被称为道氏趋势分析理论，由此可以看出道氏理论在趋势分析方面的贡献。股市中有“炒股就是炒趋势”一说。在道氏理论中，股价的波动分为三种。

其一，运行持续数年的主要趋势运动。这种运动无一例外地与宏观经济运行轨迹吻合，这也是股市被称为经济晴雨表的原因，道氏理论特别重视对主要趋势运动的研究与分析。在道氏理论的发明者和研究者看来，道氏理论并不是技术分析方法，而是反映经济走势的工具。换句话说，投资者研究透了股市的主要趋势，也就弄懂了整个国家经济的运行情况。寻找并准确判断主要运动的起点和终点，是长线交易者追求的核心目标。

其二，运行持续几周或几个月的次级运动。这种运动本质上是对主要趋势运动的修正。当然，对波段交易者来说，次级运动对其交易成败有着重要的影响。

其三，日间波动和小型趋势运动。在道氏理论中，这是一种最不被看重的运动，但不积跬步无以至千里，任何一次大型趋势无不发端于这些看似微不足道的日间波动。对超短线交易者来说，日间波动和小型趋势也有其特定的交易价值。

总之，无论是长线投资者还是短线交易者，都可以从道氏理论中各取所需。其实，这也是为什么道氏理论能够发展成为各类股市分析理论的基石。

当然，普通交易者可能对研究宏观经济形势和整个股市的运行趋势并不感兴趣，我们更多地还是要将其应用于个股趋势，特别是个股股价某一阶段的运行趋势方面。这就要求投资者在熟悉和掌握道氏理论的基础上结合A股市场的实际情况有所坚持、有所变通地加以应用，毕竟A股市场存在太多的变数和不确定性，任何一种经典理论若生搬硬套可能都很难发挥应有的作用。

当然，要想利用道氏理论在A股市场上成功交易，还需做好以下四项工作。

第一，注重基础信息数据，而非小道消息。道氏理论坚信股市是经济晴雨表，宏观经济数据就是股市运行的基础，因而投资者要想准确预判股市的运行方向，必须全面了解国民经济发展情况。投资者在收集经济发展数据时，要坚持一个原则，即重视全局性、整体性的数据，而非个股的小道消息。

第二，重视主要运动，忽略日间波动。通常情况下，越是主要运动越能够遵守道氏理论的原则，而日间波动受人为因素干扰较大，因而波动随意性更强。

第三，综合多种技术方法，选择合适的入场时机。道氏理论提供的交易技术类似于一种交易思想，即在牛市启动时买入，在熊市来临时卖出。不过，对普通投资者而言，准确且及时地判断牛市与熊市并不是一件容易的事，这就需要投资者通过长期的观察、分析并结合其他分析方法提升自己的分析水平。本书提供了一些可以帮助投资者判断股价运行趋势的技术、方法，包括成交量、筹码分布技术、K 线技术等。

第四，不打无准备之仗。相对于其他交易方式，道氏理论提供的趋势交易更加安全，但并不意味着趋势交易就可以稳定获利。投资者必须在充分研究国家经济形势的前提下，选准入场时机再执行买入操作。

当然，作为趋势交易者，做好以上几点还远远不够。趋势交易与长线交易相似，讲究的是认清趋势、择机买入并长期持有。这就需要投资者设计更科学、严谨的分析与选股系统，具备更成熟的心态和更敏锐的洞察力，而这些内容不是任何一本书能直接传授的，需要读者通过不断交易逐渐积累和沉淀。

投资路上注定布满荆棘与坎坷，本书愿与你一路相随。

目录

第一章
道氏理论为何如此神奇

道氏理论被视为股市技术分析理论的开山之作，由查尔斯·道最先提出，其后经过汉密尔顿和罗伯特·雷亚的继承和发扬，最终形成了完整的道氏理论体系。值得一提的是，查尔斯·道认为自己的理论并不是用于预测股市和指导投资者的方法，而是反映市场总体趋势的晴雨表。

查尔斯·道是道琼斯公司的创始人之一，也是《华尔街日报》的创办者之一。他撰写的关于股票投资的文章常见于《华尔街日报》，这些文章正是道氏理论的最初来源，其所提出的关于牛市、熊市、主要运动、次级运动和日内波动等观点直到今天仍具有重要的指导意义。查尔斯·道总结的股票投资理论都是以道琼斯指数为基础。

当时股票市场上的交易品种有限，直至1897年，道琼斯公司还只研究道琼斯股票价格平均指数。1897年后，道琼斯股票价格平均指数被拆成道琼斯工业平均指数（以纽约证券交易所挂牌交易的30家著名的工业公司股票为依据）和道琼斯铁路平均指数（现为道琼斯交通运输平均指数，最初由9家铁路公司和2家非铁路运输公司的股票构成）。直到今天，这两种指数仍是美国股市中非常重要的价格指数，其与经济发展的走势契合度远超其他价格指数。

这就如同我们对照上证指数研究A股市场的运行规律一样（绝大多数股票的走势与上证指数保持一致）。也正因如此，无论股票市场如何发展、股票交易规则如何变化，道氏理论的一些基本原则和分析方法仍能够很好地应用于A股市场。

第一节　道氏理论遵循的三大基本假设

正式学习道氏理论之前，需要先了解该理论的三个基本假设。其实，这三个基本假设是所有技术分析理论都会遵循的假设。

一、人为操纵

股票市场不可避免地会受资金大户、机构乃至政府的影响，特别是日间波动层面。操作股票时，在分时走势图上经常会看到个股股价线直线式上行或下跌，其间人为操作的痕迹极其明显。

如图 1–1 所示，佳云科技（300242）的股价在 2018 年 8 月 21 日上午开盘后一直呈横向震荡态势，股价虽有小幅上涨，但总体涨幅不大。午后开盘，主力突然发力快速拉升股价，并将股价线在几分钟内拉升至涨停板位置，由此可见，人为操作的痕迹非常明显。

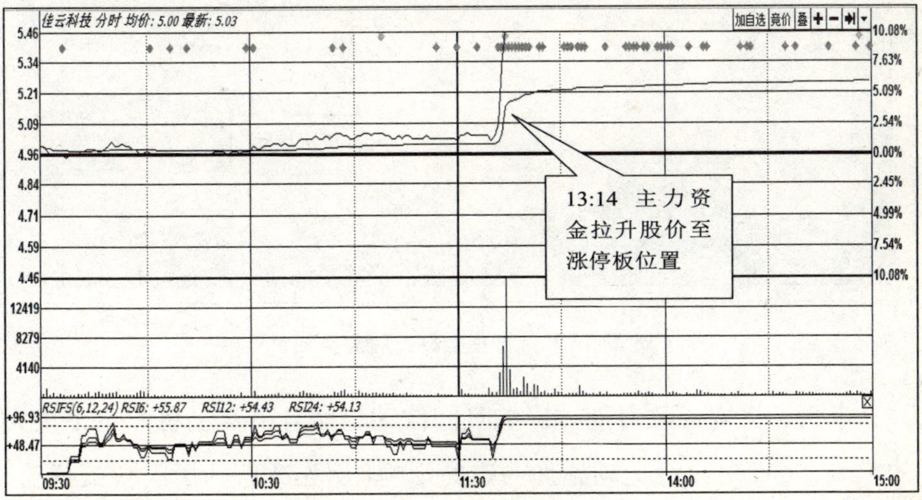

图 1–1 佳云科技分时走势图

很多人试图通过股价之前的走势预测其后的走势，但像图 1-1 这种直线式拉升，恐怕除了主力，没人能够准确地预测到涨停板的出现。其实，这也说明了在人为操作非常明显的日间波动层面，个体投资者试图预测股价走势非常困难，但是从次级运动和主要运动层面来看，这种情况会有所不同。

上证指数自 2017 年 4 月到 2018 年 8 月的主要运动走势情况如图 1-2 所示，上证指数的主要运动大致可以分两个阶段：第一阶段为 2017 年 4 月到 2018 年 1 月 29 日，上证指数一直呈震荡上行态势；第二阶段为 2018 年 1 月 29 日后，上证指数呈下跌态势。在两段走势期间，又包括了若干次回调与修复运动，也就是道氏理论所说的次级运动，每根日 K 线又涵盖了日间波动。换句话说，一次主要运动包含了若干次级运动和日间波动。

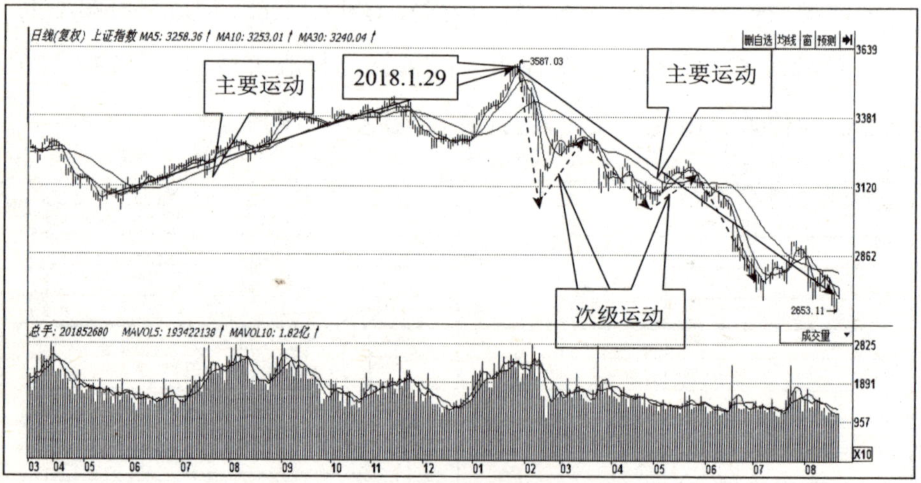

图 1-2 上证指数日 K 线走势图

个人、机构或政府能够影响日间波动，而且事实上也产生了很大的影响，进而对次级运动施加一定的影响（例如政府的历次救市行动，因为连续多日资金流入，可能引发一波次级运动。若救市行动撤出，又会引发股市的修复运动），但无法影响主要运动（毕竟这与整个国家的经济运行趋势一致，股票市场的市值又非常高，个体根本无力改变）。

正因为道氏理论的“人为操纵”假设，使得道氏理论被广泛应用于大盘指数的运行趋势分析，而非个股日内波动。也就是说，道氏理论在判断大盘指数方面效果极佳，但在分析个股整体运行趋势方面则要打个折扣（但个股整体的走势会与大盘指数一致），具体到预测个股短线走势方面，则没有太大的效果，也无法预测（因为人为操纵会影响日间波动）。

二、平均价格指数反映一切

平均价格指数是反映股市运行状态的指标。各大机构编制平均价格指数也是为了尽可能直观、准确、真实地反映股市的运行状态。通常情况下，股市的平均价格指数多是由市场上最具代表性的若干家公司的股票构成。这些公司的股票价格走势在一定程度上能够比较真实地反映整个社会的经济发展情况，以及投资者对整个国民经济运行情况的看法和态度。查尔斯·道和汉密尔顿在他们的文章中多次强调：“股票市场完全反映了人们对国家经济的认知，这一点再怎么强调都不为过。”“一些在证券交易所上市的公司，差不多经营着国家生产和消费的一切物品，以及生产他们所需要的所有物品，都会被准确无误地反映在股票的价格上。”大家可以翻看一下A股市场的上市公司名录，就会发现几乎国民经济的重要行业的代表性公司都在其中，因而能够反映这些公司的整体走势的平均价格指数（即上证指数）在一定程度上反映了整个国家的经济运行情况。

平均价格指数之所以能够发挥巨大的作用，在于以下三个方面。

1. 指数是基于未来的而非现在的，因而能够预先消化未来事件

炒股就是炒预期。股票市场的整体走势是对未来预期的反映。很多人对股市不能直观地反映当前发生的事件感到不解，并因此认为股市脱离了现实，其实股票市场所反映的恰恰是最真实的经济状况，只不过是未来一段时间的，而非当下的。当前的平均价格指数反映了人们对国家未来的经济状况的认知。回顾以前股市的走势，能发现这样一个规律：股市大盘（即上证指数）总是先于国家经济拐点到来之前转向。也就是说，当股价从下降趋势转为上升趋势时，可能真实的国民经济发展的拐点还要再等几个月才能到来，但股市总是会先知先觉地启动反弹。正因如此，股市才会被称为国民经济晴雨表。

“利好兑现即利空，利空兑现可以变利好。”也就是说，市场会在利好或利空消息兑现前提前消化其影响，不过市场在消化这些利好或利空消息时，也许存在过度的倾向，因而当这些利好或利空消息真正兑现时，市场还会有一个修复运动。投资者可以回顾央行的历次加息或降息行为，按照通常的理解，央行降息有利于资本流入股市，对股市而言存在实质性的利好。不过，每次降息似乎影响的只是股市开盘一瞬间的价格，其后股市还会按照原来的趋势运行。其实，这是因为在降息消息发布前，市场已经根据经济基本面情况预计到央行可能的降息行为，并已经提前消化了降息的影响。

2. 指数能够消化单笔交易的失误

不可否认，投资者在交易过程中或多或少会有所偏颇，因为个股价格的波动、个人情绪的波动以及临盘的感知等会对最终的交易结果

产生一定的影响。不过，当这些小的过失或偏颇汇入整个股市的价格指数时，就会因为庞大的基数而被修正。也就是说，基于整个市场的平均价格指数往往可以消化个体交易的失误，从而准确地反映国家经济状况。查尔斯·道曾经写道："晴雨表是非常公正的，每笔为了弥补结果而构成的出售与购买都会稍有偏颇。因此得出的结论是所有买卖股票的人的欲望、冲动与希望均衡的结果。国家的整体经济必须将所有思想如实地反映出来。"

3. 指数走势是基于可预测的最佳消息呈现的

看一下股指期货的点位和大盘的实际点位会发现：股指期货的点位永远高于大盘的实际点位。即使大盘呈现下跌态势，在可以预见的未来也难以改变时，股指期货的点位仍会高于大盘的实际点位，这在本质上反映了投资者对未来的乐观倾向。

通常情况下，市场上的专业投资研究机构会对个股的未来业绩做出一定的预测，当然，这种预测比较乐观，股票价格往往会在这种乐观情绪的影响下出现上升行情。不过，若到期后实际业绩并没有达到预期，市场则会给予一定的"惩罚"。其实，这种"惩罚"行为也可以看作对之前的上升走势的修正。例如，2018 年 4 月 26 日，格力电器（000651）发布了 2017 年年度财务报告，并且宣布本年度不分红、不配股。格力电器之前已经连续 10 多年为股东提供了丰厚的红利，2017 年该公司盈利数额又十分可观，因而市场预期格力电器会为投资者提供优厚的回报，但是，突如其来的"不分红"决定让投资者的期待落空，于是投资者纷纷用手中的股票"回应"了格力电器的"不分红"。

如图 1–3 所示，格力电器在 2018 年 1 月 26 日到达每股 58.70 元的高点后震荡下跌。此后几个月，股价的整体运行趋势是向下的，年报"不分红”的消息对股价的下跌起到了一定的推动作用，但随后格力电器宣布“将在年中分红”也没有改变股价的下跌态势，从中可以看出：单独的利好或利空消息可能改变次日股价的运行趋势，却无法改变股价的整体运行趋势。这也就是道氏理论所说的：利好或利空消息可以改变股价的日间波动，却无法影响股价的主要运动。

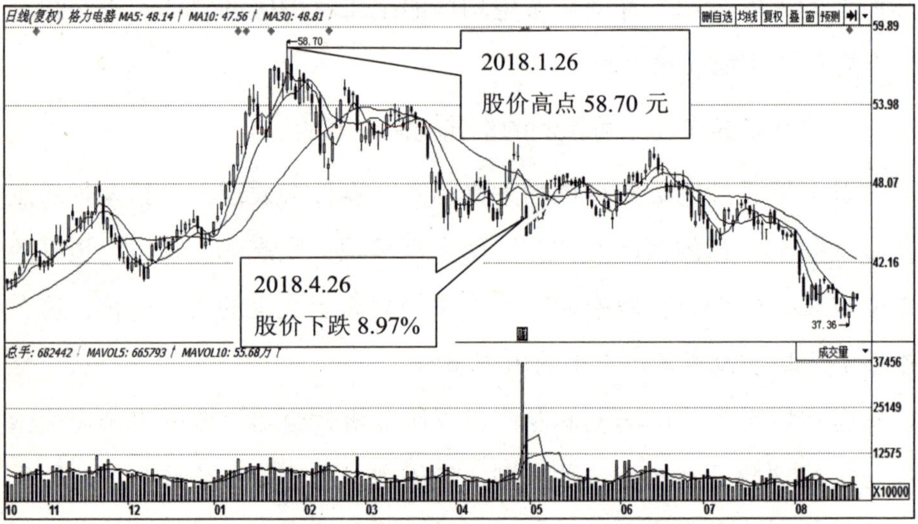

图 1–3 格力电器日 K 线走势图

查尔斯·道曾经写道：“股票市场会不断地调整其自身运动，以适应出乎意料的事件。”当然，这里所指的股票市场主要是股市的平均价格指数，如上证指数，而非个股。事实上，个股对出乎意料的事件还是会有准备不及、调整不及的情况，例如，2018 年 7 月曝出的长生生物“疫苗造假”事件，该事件是投资者难以预料的，因而丑闻曝光后直接导致长生生物（002680）连续跌停，如图 1–4 所示。

对于足以摧毁个股股价的黑天鹅事件，放到整个市场里就显得微不足道了，特别是一些中小公司的黑天鹅事件。换句话说，市场平均价格指数自身会通过不断调整包容和消化黑天鹅事件。

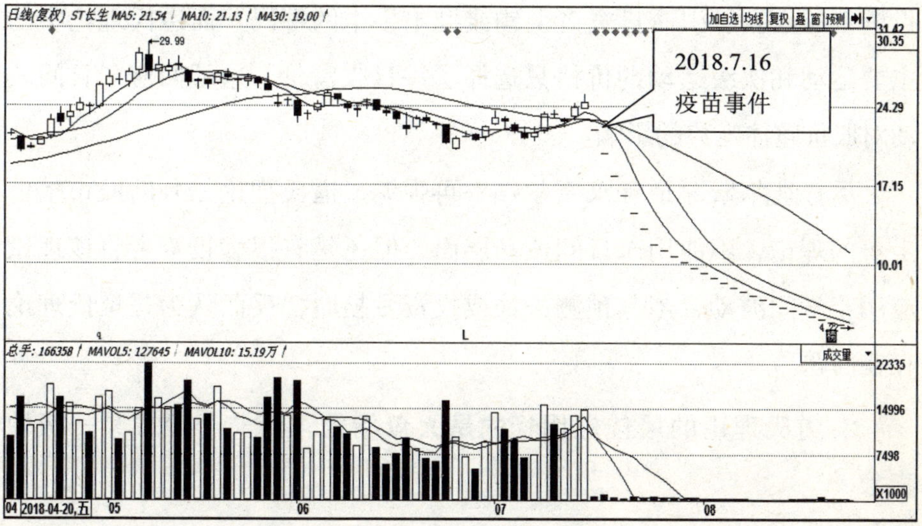

图 1–4 长生生物日 K 线走势图

三、道氏理论并非真理

显然，在已知的股票分析理论中，还没有哪个理论可称为真理，道氏理论也不例外。道氏理论不是一种学了就可以赚钱的理论，也并不存在这样一种理论。投资者应该清楚，你所知道的这些理论，机构操盘手们更加熟悉。要想在股市中有所斩获，就必须活学活用这些理论，而不是机械地套用。汉密尔顿曾经说：“股市晴雨表并非完美无缺，更确切地说，这门新生科学距达到完美还有相当一段距离。”

1. 道氏理论并不能应用于日间波动层面

前文介绍过，道氏理论将股票的价格运动分为三种，即主要运动、次级运动以及日间波动。在道氏理论中，日间波动是一种几乎可忽略不计的运动，因为它对股票价值的主要运动影响不大。经常看盘的投资者都知道，股票的日间波动更多的是主力基于某种特定目的、企图而采取的行动，如突然的拉升与打压。主力就是利用这些方式来影响投资者的心智、引诱投资者上钩或抛出手中的筹码。而道氏理论中的主要运动和次级运动的价格只选择了每日收盘价，这就回避了日间波动对股价整体走势的影响。

尽管查尔斯·道和汉密尔顿一再强调，道氏理论是判断股市整体走势的理论，不能用于日间波动层面，但还是有很多投资者将该理论应用于日间波动，当其预测失误或投资亏损时，反而认为是道氏理论存在问题。

2. 道氏理论的最佳应用标的是大盘指数，而非个股或某一板块指数

与将道氏理论应用于日间波动层面相似，有一些投资者喜欢将道氏理论应用于个股或某一板块。查尔斯·道在其文章中多次指出：若想更准确地判断股价走势，必须将道琼斯工业指数和道琼斯铁路指数结合起来研判。可以想象一下，在查尔斯·道生活的年代，若将道琼斯工业指数和道琼斯铁路指数结合，那么获得的数据可以说几乎反映了国民经济整体走势。换句话说，道氏理论要研判的对象更接近整个国家的国民经济运行趋势。当然，股市的走势与国民经济的走势稍有不同，一般会在国民经济走势的拐点到来之前先行拐头。我们不一定非得把道氏理论应用于上证指数的研判，当我们将其用于个股走势的研判时，要理解道氏理论在研判个股股价的主要运动和次级运动方面可能存在不足和缺陷。

3. 必须根据走势得出结论，而非个人主观判断或小道消息

再理性的人在实盘交易过程中都有可能受主观看法的干扰，但是严格按照股价走势得出分析结论也是应用道氏理论时必须遵循的基本原则。大多数情况下，我们在看盘时不可避免地会被各类消息（包括

真真假假的小道消息）和数据左右，进而得出一个趋势并未给出的结论。接着，我们为了证明自己结论的正确性，总会倾向于将市场未来的走势看作验证结论的过程，即使市场并未按照自己预期的方向发展。例如，我们根据市场资金面紧张和经济发展数据低迷得出一个大盘见顶的结论，这时若股价在上涨过程中出现回调，我们自然就会将其看作见顶的标志，接着大幅抛售股票，尽管其后股价很快恢复上攻走势，我们却只能偏向于将其解释成主力为最后的出货采取的诱多行为。这就是人的本性，总是不愿意承认自己判断的错误，宁愿相信市场或者分析理论出错。

其实，不仅学习道氏理论的人会出错，就是创建与发展道氏理论的汉密尔顿也曾犯下巨大的错误。美国股市 1923 年夏末进入牛市，1924 年全年持续牛市行情，1925 年 3 月下旬到 1926 年 2 月还出现了几乎没有任何中断的大幅上涨行情。但是，自 1925 年秋开始，汉密尔顿主观地看空股市，认为熊市近在眼前。1925 年 10 月 5 日，汉密尔顿指出 10 种工业股的利润在 4% 以下，股价存在严重高估。正因如此，汉密尔顿将股市上攻过程中的次级运动（即回调）看作熊市。他同时撰写了大量文章，以支持自己的熊市论断，但股市的运行并不以个人意志为转移，当时恰恰是股市上攻幅度最大的阶段。

第二节　如何利用道氏理论在 A 股市场获利

如前所述，道氏理论是根据平均价格指数走势规律发展得出的，因而在分析指数走势方面具有显著的优势。不过，普通投资者毕竟要靠交易个股获利，所以在交易实战中我们必须学会活学活用道氏理论。

一、把握大盘走势的节奏

把握大盘走势的节奏是道氏理论的核心用法。

在我国股市创建初期，由于上市公司较少，受人为因素干扰较多，很多被认为有效的技术分析理论在我国股市中发挥不了作用，随着上市公司数量的增加、股市制度的不断完善，人为因素大大减少。特别是近年来，股市与宏观经济走势结合的程度越来越高，道氏理论发挥的作用也将越来越大。

投资者利用道氏理论判断大盘指数的走势可以为自己的操盘提供原则性的指导。也就是说，只有大盘指数的主要运动属于牛市，才是操作个股的最佳时机，反之则不宜入场。

如图 1–5 所示，上证指数 2014 年年底自 2279 点启动了一波大牛市行情，到 2015 年 6 月 12 日上涨到了 5178 点。毫无疑问，上涨是这一阶段股市运动的主要趋势。在这个主要趋势的内部，股指还出现了几次次级运动，即回调走势。由此可见，次级运动并不能改变股市的主要运动趋势。在次级运动的内部还包括了若干个上涨或下跌的交易日，它们对股市的整体运动方向并没有实质性的影响，因此可以忽略不计。

投资者可以做出如下判断：当大盘指数的主要运动处于牛市阶段，即 2015 年 6 月 12 日之前，可以放心买入并持有个股，但是 2015 年 6 月 12 日之后，投资者（特别是中长线投资者）不宜再买入。短线或超短线投资者可在主要运动为熊市的次级运动阶段短线入场——快进快出。不过，在熊市入场进行短线交易类似于股市上常说的“刀口舔血”，其危险性可想而知。

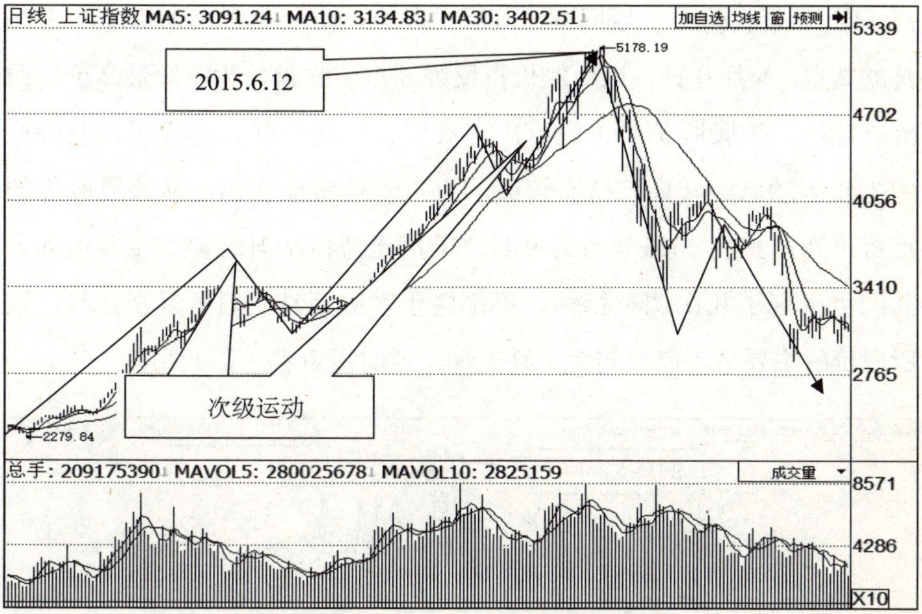

图 1-5　上证指数日 K 线走势图

二、多角度评估个股走势

前文介绍过，连查尔斯·道都认为道氏理论并不是分析个股走势的理论，但目前大多数投资者研究道氏理论的目的仍是用于个股操作。在此，我们尝试在尽量维系道氏理论初衷的前提下将该理论应用于个股的实战操作。

为了提升判断的质量，投资者在借助道氏理论研判个股时可以考虑从以下三方面入手。

1. 利用道氏理论研判个股的趋势，区分运动方式

按照研判指数运行趋势的方法，同样可以确认个股股价的运行趋势。如图 1-6 所示，青岛海尔（600690）跟随大盘从 2014 年年底开始启动了一波大牛市行情。到 2015 年 5 月 26 日，该股股价上涨到每股

15.44 元（复权价格）后回调。其后，股价再度上攻但仍未超过 5 月 26 日的高点。6 月 9 日，该股股价自反弹高点（收盘价为阶段最高价）回落。此后，该股股价再也没有出现规模较大的反弹，这说明该股股价的主要运动已经转向，持有该股的投资者可考虑卖出。从该股股价的走势可知：其在 2015 年 6 月 9 日之前的走势以上升趋势为主要运动，其间也出现了几次调整行情，但都属于次级运动。自 6 月 9 日起，该股股价的主要运动已经转为下跌运动，这时投资者可以卖出。

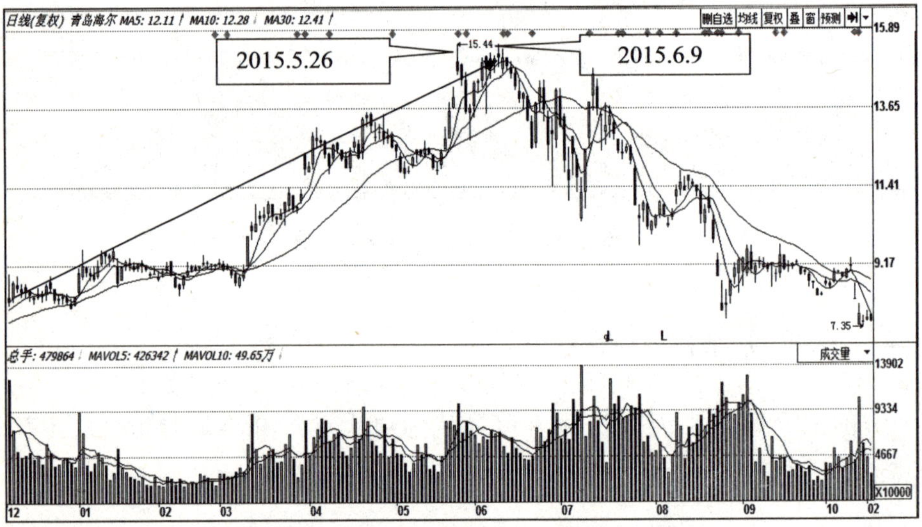

图 1–6 青岛海尔日 K 线走势图

2. 将个股运动趋势与股市指数运动趋势进行对比

对个股而言，大盘就是风向标。大盘上涨时，大多数个股也会跟随上涨；大盘下跌时，个股则会跟随下跌。投资者通过将个股走势与大盘走势对比，在大盘走势见顶或见底时，及时制订针对个股的操盘计划则可以实现利润的最大化。

我们还以青岛海尔为例，可以将上证指数叠加至青岛海尔的日 K 线走势图中，如图 1–7 所示。

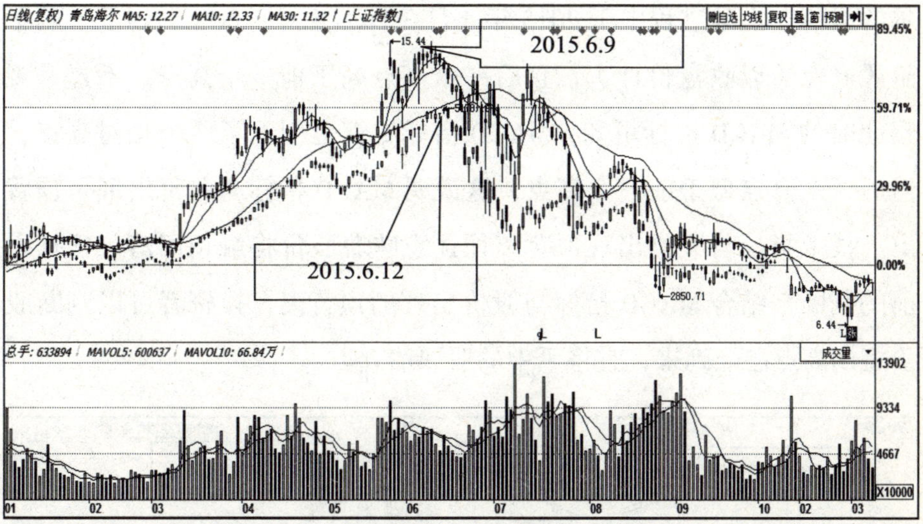

图 1-7　青岛海尔与上证指数的日 K 线走势图

青岛海尔的股价运行趋势与上证指数的运行趋势几乎完全一致。但是，当青岛海尔在 2015 年 6 月 9 日创下阶段高点时，上证指数仍处于上行趋势，这就意味着投资者暂时可继续持有该股；6 月 12 日，上证指数的运行趋势反转，此后，指数大幅下跌。鉴于大盘指数运行趋势已经发生变化，投资者可以确认青岛海尔的股价运行趋势转为下跌趋势的可能性极大。也就是说，6 月 12 日，是投资者抛售青岛海尔的最后机会。

3. 利用技术指标佐证之前对股价运行趋势的判断

技术指标经常被用于判断股价的短期走势，但有时技术指标的某些功能在帮助投资者判断股价中长线趋势方面也能发挥比较显著的作用。例如，股价与技术指标的背离可以很好地帮助投资者识别股价运行的顶部或底部区域。

下面以 MACD 指标与股价的顶背离为例，如图 1-8 所示。青岛海尔的股价在上升过程中于2015年4月3日和6月9日分别创下了两个阶段高点（以收盘价计），且后一个高点高于前一个高点。不过，观察此时的MACD指标可知，MACD指标尽管也创下了两个相对高点，但后一个高点低于前一个高点，这说明MACD指标与股价出现了顶背离。技术指标与股价出现顶背离往往意味着股价将触顶回落。根据之前的判断，结合MACD指标与股价出现的顶背离，投资者可以判断股价短期高点已经到来，宜将手中的股票清仓。

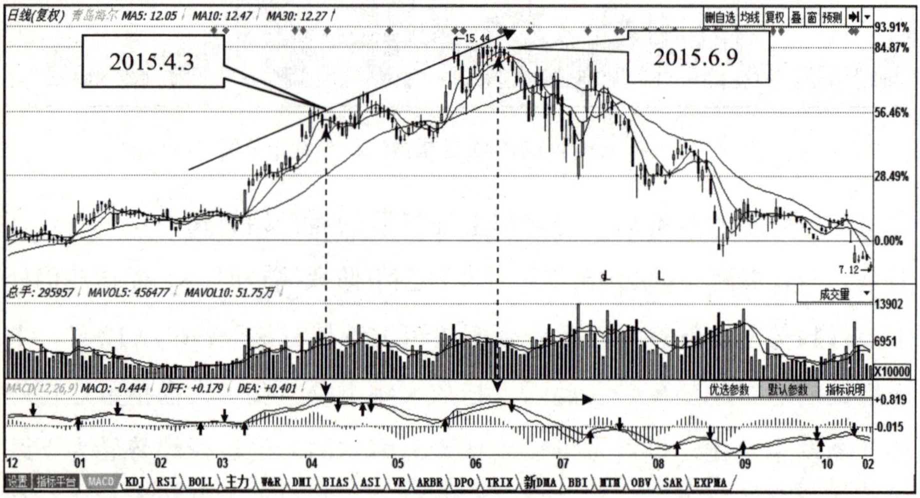

图1-8 青岛海尔日K线走势图

第二章
道氏理论的基本分析方法

道氏理论被称为技术分析的基石，可见股票研究者对其推崇程度之高，因此学习和研究道氏理论也要从道氏理论最基本的分析方法入手。

第一节 道氏理论的分析基础

尽管道氏理论创立者查尔斯·道一再强调，他的分析理论不是用来预测股市的发展趋势，而是预测经济走势的，但是谁也无法否认道氏理论在预测股价走势方面有其重要的意义。

一、研究对象：指数

前文介绍过，道氏理论是以道琼斯工业平均指数和道琼斯铁路平均指数为研究对象的基础上得出的。从已知的事实可知，查尔斯·道是以五年左右的指数走势数据为基础总结出了道氏理论。这一方面说明他个人对股市理解能力很强，另一方面说明该理论仍存在一定的改进和提升空间。这也是后来汉密尔顿和罗伯特·雷亚所做的。

早在查尔斯·道之前，银行家和业内人士就发现了一个规律：大部分业绩较佳的公司的股票价格运动趋势均趋向一致，特别是一些相同或相近行业的公司，其股票价格更容易走出相似的运动轨迹。当然，在大部分股票价格同向运动时，也会有个别股票逆向运动。而这些逆向运动的股票又多是基于自身的原因出现的逆潮流运动。

以A股市场上的家电企业格力电器（000651）和美的集团（000333）为例，如图2–1所示。2013年年底到2018年8月，格力电器和美的集团的股票价格走势形态几乎一致，即一只股票价格上升时，另一只股票的价格同步上升，反之亦然。当然，股价具体的波动幅度以及个别交易日存在一定的差别，但总体趋势一致。

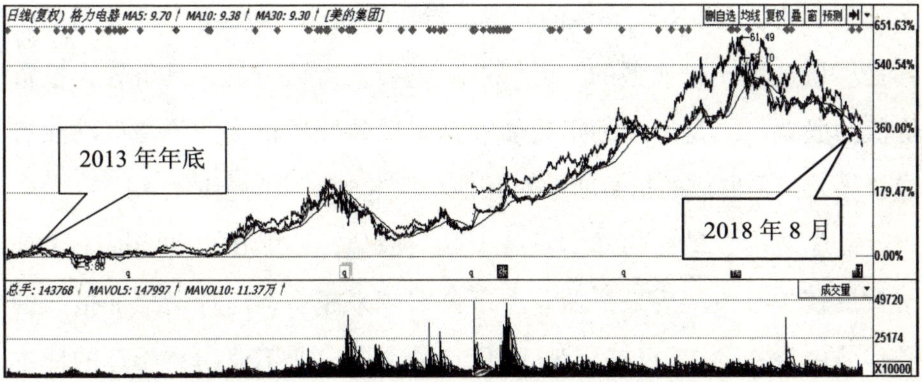

图 2-1　格力电器与美的集团走势对比图

正因为各股票价格之间存在这种关系，同时越是绩优的具有市场领导作用的公司，其股票越容易带动同类股票上涨或下跌。这就使得越来越多的股票研究者确信，可以基于市场上多只有代表性的公司股票价格设计一种平均价格指数，该指数能够起到引领市场、反映经济形势变化的作用。

在众多股票研究者中，查尔斯·道选择的工业和铁路股票平均价格指数成为其中的佼佼者。尽管其后有诸多模仿者也想设计更科学、合理的价格指数，但最终都徒劳无功。时至今日，道琼斯指数仍是整个美国股票市场重要的风向标。很多成功人士认为，道琼斯工业和铁路股票平均价格指数是所有用来揭示股票价格趋势和经济发展趋势的指标中最值得信赖的。

一种价格指数能够被市场认可，肯定有其深层次的原因。我们无法站在今天的立场揣测查尔斯·道设计平均价格指数最初的原因，但我们还是要从指数设计的角度尝试探讨道氏理论能发挥作用的原因。

1. 指数的抽样

指数的抽样是指数含金量的一个重要指标。所谓抽样，就是在众多股票中抽取比较有代表性的股票。指数的抽样一般要达到三个目的：一是尽量选择比较典型的、能够被市场投资者认可的、具备较大投资价值的股票，二是形成的指数能够真实反映股票市场的价格运动状态或趋势，三是形成的指数能够对其他个股起到一定的参照作用。

道琼斯指数最初的样本只有十几只股票，当然这也和当时上市公司数量较少有关。后来，随着上市公司越来越多，道琼斯工业指数的样本股由最初的 12 只扩充为 30 只。尽管道琼斯工业指数所选的样本股很少，但其所包含的都是各个行业的顶尖企业，因而对整个市场具有一定的引领和带动作用。由于道琼斯工业指数包含的企业过少，并且几乎没有服务业的企业，使其饱受各方批评。从 1996 年 5 月 25 日起，道琼斯公司针对我国股票市场编制了道琼斯中国股票指数，但在我国股市中最受关注的指数是上证指数和深证成指。

上证指数是以上海证券交易所挂牌上市的全部股票（包括 A 股和 B 股）为样本，以发行量为权数（包括流通股本和非流通股本），用加权平均法计算，以 1990 年 12 月 19 日为基日，基日指数定为 100 点的股价指数。深证成指是从在深圳证券交易所上市的所有股票中抽取具有市场代表性的 40 家上市公司的股票作为计算对象，并以流通股为权数计算得出的加权股价指数，深证成指以 1994 年 7 月 20 日为基日，基日指数定为 1000 点。自 2015 年 5 月 20 日起，为更好地反映深圳市场的结构性特点，适应市场进一步发展的需要，深交所对深证成指实施扩容改造，深证成指样本股数量从 40 只增加到 500 只，以充分反映深圳市场的运行特征。

从上证指数和深证成指的构成可以看出，两者选取的样本股截然不同。相对于深证成指所选择的 500 家代表公司，上证指数涵盖的范围更广，特别是在上海证券交易所上市的公司规模更大、涉及的行业更多，因而其所反映的股市整体运动趋势与国民经济形势更吻合。正因如此，相比于深证成指，上证指数更被市场人士看重。我们通常所说的大盘，如无特指，一般指的是上证指数。

除了反映整个股市走势的大盘指数外，各大证券交易机构和证券研究机构还编制了各个板块的股票价格指数，如创业板指数、食品饮料行业指数，这些指数对板块之外的股票没有借鉴价值，但对该板块的股票有重要的指引作用。有些板块指数抽样选择的是整个板块的股票，有些则是从板块中选择比较有代表性的若干只股票，例如，创业板指数选择的就是在创业板内上市的100家比较有代表性的公司股票。

2. 指数的计算方法

选择合适的股票后，要想获得更准确的指数数据，必须考虑计算方法。通常情况下，指数的计算方法主要包括算术平均和加权平均两类。

道琼斯股票价格平均指数最初的计算方法是用简单算术平均法求得，但是遇到除权除息的股票时，股票指数会出现不连续的现象。由于样本股数量较少，个别股票出现除息除权时，指数波动会比较剧烈。

如图 2–2 所示，乐普医疗（300003）按照 2015 年年报的利润分配方案，在 2016 年 6 月 23 日实施了“10 股转 10 股派 1.6 元”的分红方案。股价除权后直接由 6 月 22 日收盘价的每股 36.20 元变为 23 日开盘价的每股 18.07 元。因此，在未经复权的日 K 线走势图上，我们就会看到一个巨大的非连续缺口。同理，如果没有做除息除权处理，简单地使用算数平均法计算指数，指数也会出现巨大的非连续缺口。

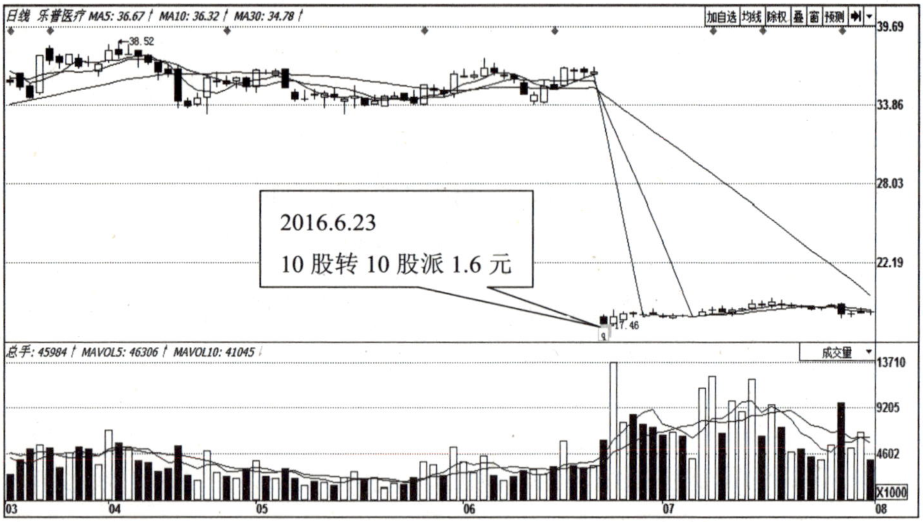

图 2-2 乐普医疗日 K 线走势图

正因如此，1928 年后道琼斯股票价格平均指数改用了新的计算方法，即在计算股票除权或除息时采用连接技术，以保证股票指数的连续，从而使股票指数得到完善，并逐渐推广到全世界。

早期的平均指数计算公式为

股票价格平均指数 = 入选股的价格之和 / 入选股票的数量

现在的计算公式变为

股票价格平均指数 = 入选股票的价格之和 / 道指除数

其中，道指除数会受拆股和公司整合的影响。

上证指数目前所采取的方法为派式加权计算法。即以样本股的发行股本数为权数进行加权计算，计算公式为

报告期指数 =（报告期成份股的总市值 / 基期）× 基期指数

其中，总市值 = Σ（股价 × 发行股数）。

本质上，无论选择哪种计算方法，最终目的都是使获得的指数值能够更精确地反映整个股票市场或某一板块股票的整体波动情况。通

过观察上证指数的计算方法，大家可以看出，单只股票的市值对整个指数有重要的影响。正因如此，中国石油、中国石化、工商银行等股票的走势总是会对大盘指数产生重要的影响。

二、理论核心：平均指数预测经济周期

平均指数的变动受全体市场交易者的影响，而这些交易者身处各行各业，即使个别人可能在判断上存在的失误，但由于基数足够大，所以站在整个市场的角度来看，足以消融各种错误，从而使得平均指数更贴近于国民经济整体的走势。当然，市场的平均指数所反映的并不是当下的经济情况，而是未来的。反过来说，当前的平均指数走势就是未来的经济走势。这在很大程度上起到了预测经济周期的效果。其实，这也是查尔斯·道发明道氏理论的初衷，他就是要通过股市平均指数的变动分析整个国民经济运行情况。与其说查尔斯·道发布的文章是在预测股市，不如说是在预测经济走势。

经济的发展必有其周期性，但这种周期并不能主观预测。通常，当经济发展一片向好时，往往隐忧就会显现；反之，当经济持续低迷时，一些积极的因素逐渐出现。查尔斯·道就是想通过股市的走势发现这些经济走势背后的变化，并及时预测经济形势可能发生的转向。反之，这些经济的转向又会对股市走势产生决定性的影响，毕竟股市与经济是紧密联系在一起的。

同时，即使是一些突发事件，如战争、灾害，也能够快速评估平均指数。例如，地震爆发后一段时间整个股市的平均指数可能出现一波走低行情（受人为因素的影响，股市平均指数的下跌可能会大幅超过实际损失），但是很快平均指数会有一个修复性的动作。毕竟灾害发生后重建是必然的，而基建工程类的公司将会迎来一波上升走势，

与此相关的各行各业也都会有修复性的走势。最终，灾害最真实的影响会趋向于科学、合理。

三、研究的参照标准：收盘价是最重要的价格

众所周知，股票在全天的交易过程中会产生多个价格，其中四个价格最为重要，即开盘价、收盘价、最高价和最低价。日 K 线是完美反映这四个价格的工具，以阳线为例，如图 2–3 所示。

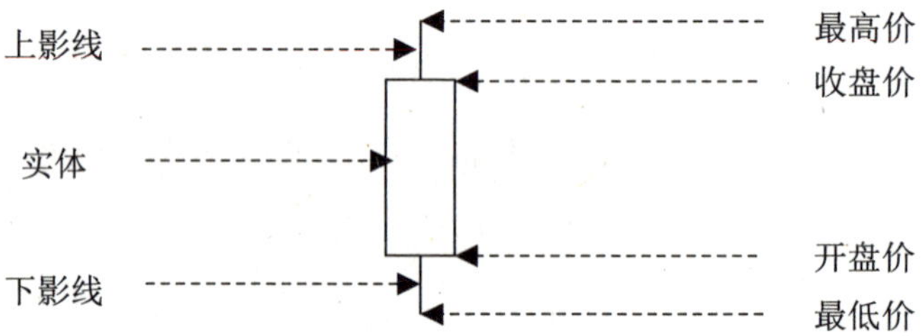

图 2–3 K 线的基本形态

开盘价，又称开市价，指股票每个交易日开盘后的第一笔交易的成交价格，是买卖双方交战的楚河汉界。目前国内股票市场采用集合竞价的方式确定每日开盘价。

最高价，指股票在每个交易日从开盘到收盘的交易过程中产生的最高价格。

最低价，指股票在每个交易日从开盘到收盘的交易过程中产生的最低价格。

收盘价，指股票在每个交易日最后一笔交易的成交价格。收盘价是当前行情的标准，又是下一个交易周期开盘价的依据，代表了买卖双方的力量对比结果。投资者可据以预测未来的市场行情。收盘价和开盘价一样是通过集合竞价产生的，也就是说，从 14 点 57 分开始集

合竞价，至 15 点产生收盘价。

道氏理论并不关心在日间和收盘之前出现的极端高（最高价）或极端低（最低价）的价格，它只考虑收盘时的数字。股市中有这样一句话，开盘价是由散户决定的，收盘价才是由主力决定的。大家知道，主力资金在股市中有多重要，收盘价在所有价格中就有多重要。事实上，查尔斯·道在设计道氏理论时，之所以将研究对象定位为指数，就是要减少或削弱人为因素或者说主力因素对股价的影响。正因如此，这四个价格中，开盘价与前日收盘价以及当日盘前的一些消息有关，而没有真实地反映当日的交易情况（特别是主力很少在开盘阶段进行大规模交易，除非发生突发事件）；在一天的交易过程中，最高价和最低价与主力的刻意操作（包括诱多、诱空）密不可分，因而其重要性相对较低；收盘价则不然，收盘价才是主力真实意图以及市场资金寻求的最终的价格平衡点。

如图 2-4 所示，西部建设（002302）的股价在 2018 年 7 月 20 日以低于前日收盘价的价格开盘后，出现了一波震荡走低行情。其后，股价分时线触底反弹并震荡走高。临近收盘时段，分时线被直线拉升，其后又被反向向下打压，最终以高于前日收盘价一个点左右的价格收盘。从该股的分时走势中可以看出，盘中时段，股价波动较为剧烈，主力从开始时段的向下打压股价，到后来的直线拉升，意在迷惑散户，使其看不清主力的真实意图。从某种意义上讲，该股盘中时段形成的最高价和最低价对研判股价未来的走势没有太大的意义，收盘价才是主力最希望获得的价格。

下面来做一下对比，先看上证指数的日 K 线走势图，不仅给出了指数的整体运动趋势，还给出了每天的最高价、最低价以及开盘价等信息，如图 2–5 所示。但这些信息对研判指数运动趋势的意义并不大，反而可能影响投资者的判断。

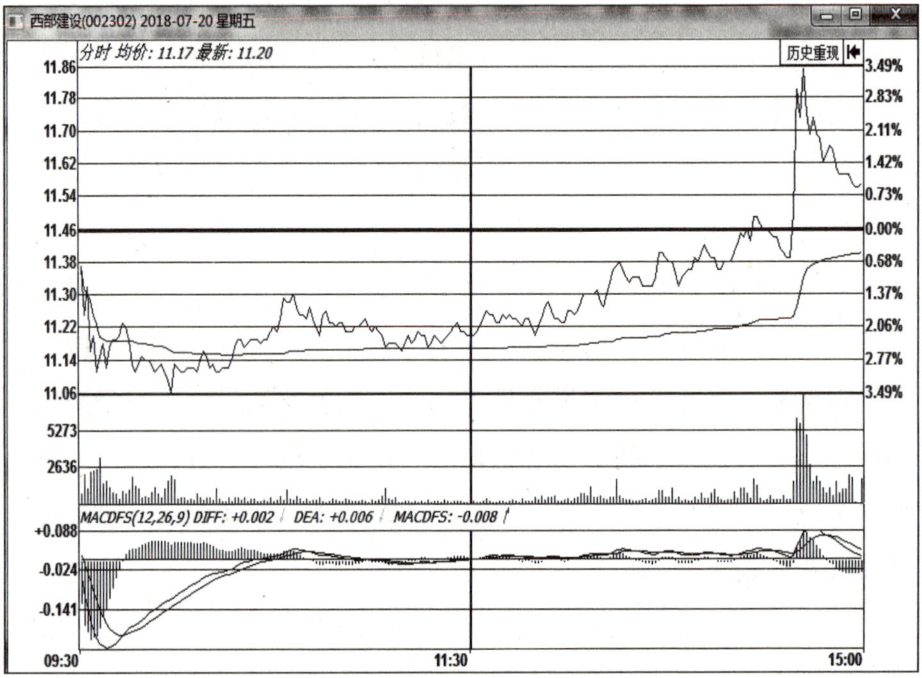

图 2–4 西部建设分时走势图

再看一下上证指数的收盘价线走势图，如图 2–6 所示。上证指数的收盘价线相比日 K 线更加清晰、简洁。对想要研判指数运行趋势的投资者来说，这幅收盘价线走势图无疑是最佳选择。

投资者若想在炒股软件中完成普通日 K 线和收盘价线的切换，只需右击日 K 线图上的 K 线，在出现的快捷菜单中选择“修改普通 K 线”命令，在弹出的“公式编辑”对话框中点击“曲线属性”按钮，就可以看到如图 2–7 所示的对话框。

投资者借助“K 线公式高级设置”对话框可以完成对 K 线风格的切换。

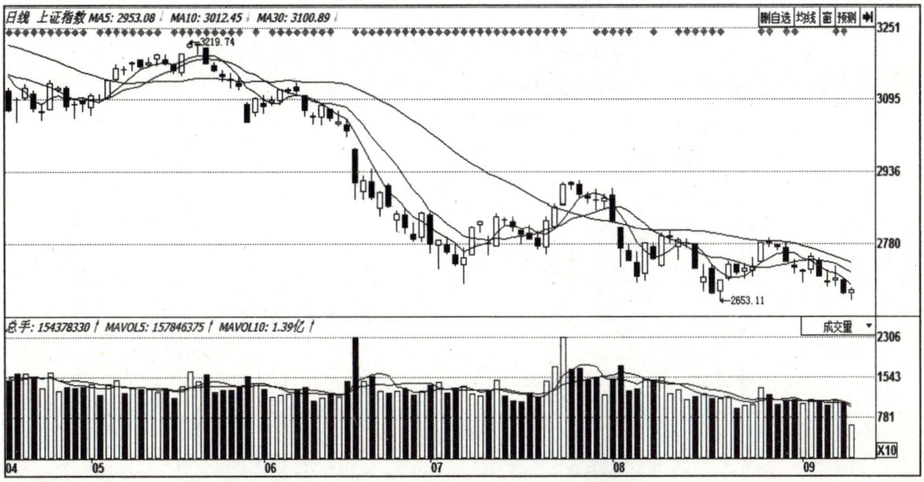

图 2-5 上证指数日 K 线走势图

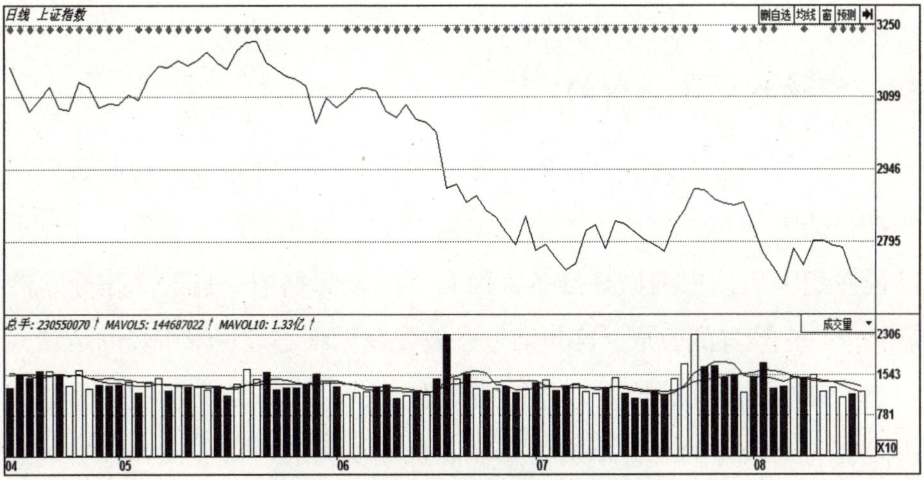

图 2-6 上证指数日收盘价线走势图

趋势线的主要理论依据就是道氏理论。道氏理论如此重视收盘价，所以投资者在绘制趋势线时同样应该以收盘价为主要参照基准。下文我们会详细介绍有关趋势线的内容。

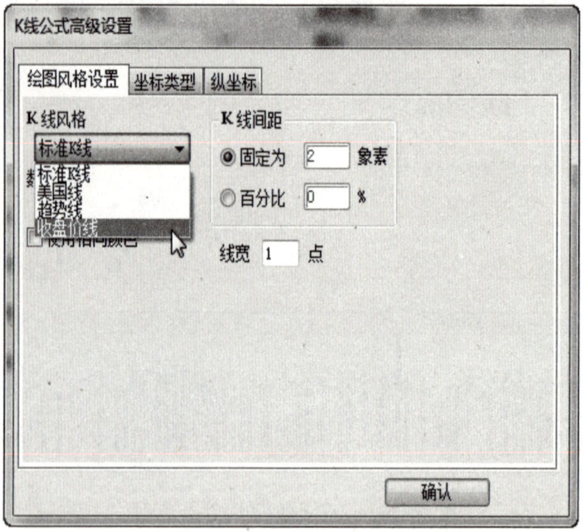

图 2-7 K 线公式高级设置

四、市场永远是正确的

市场永远是正确的，任何时候试图在市场运行趋势出现前做出预测都是徒劳的。清楚地了解市场走向的只有市场自己。当然，这并不是说我们不应该提前做好准备，而是不应该像赌博一样随意建仓，然后祈求一个较好的收成。这句话意在敦促我们细心地观察市场的运动，准确了解市场所处的趋势。当下行趋势比较明显时，我们要坚决做空，不要因为市场外的各种小道信息而固执地认为股价可能反弹；当上升趋势比较明显时，我们要积极入场做多，不要因为股价的小幅回调而动摇持股的信心。其实，这也是道氏理论给投资者最好的礼物。

如图 2-8 所示，上证指数自 2018 年 1 月 26 日开始呈现逐级下跌态势。指数反弹的高点一个比一个低，这说明指数正处于下降趋势，投资者不宜进行大幅做多交易。尽管指数在下跌过程中出现了若干次反弹，但均未突破下降趋势线，这说明指数运行的趋势从未改变。投资者需要跟随市场的步伐进行做空交易，而不宜在指数小幅反弹时大幅做多。

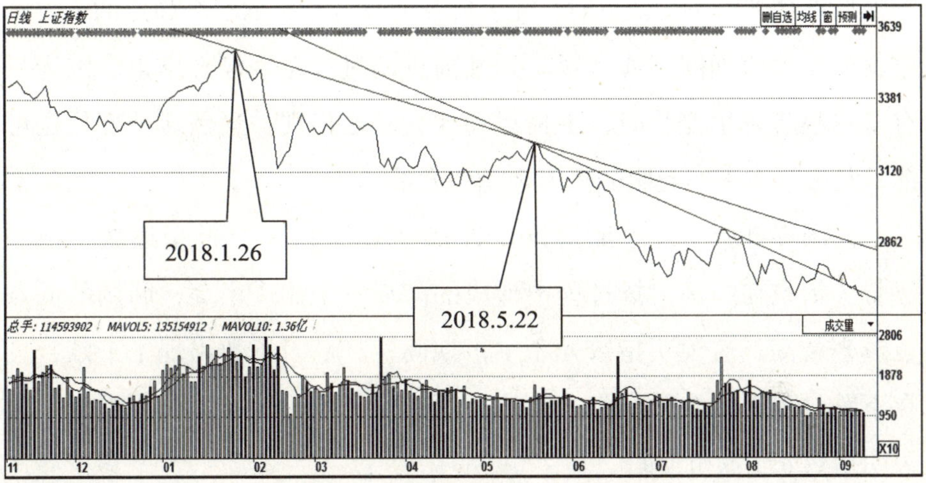

图 2-8 上证指数日收盘价线走势图

第二节 趋势的核心分析要点

趋势的研判是道氏理论对股票交易技术研究领域的主要贡献之一。趋势的形成、认定、延续以及转向都是投资者需要掌握的核心内容。

一、趋势的形成：牛市与熊市

见过海水潮涨潮落的人知道：海水涨潮并不是通过水位直线上升完成的，而是通过一浪又一浪地不断刷新之前所形成的高点来完成的，而且在创下新高点之后，无一例外地会出现一波回调；同样，海水退潮也是逐波走低的。股市中趋势的形成与之类似。关于趋势，查尔斯·道曾经给出这样一个定义："只要平均指数的高点突破了距它最近的一个高点，而随后回调的低点位于前一个低点的上方，它就处于牛市期间；当最低点跌破前一个低点时，随后反弹的高点位于前一个高点的下方，它就处于熊市期间。通常很难判断前进的过程是否已经结束，因为只有基本趋势发生变化时，价格运动才会随之出现。当然这种变化也可能只是由一次毫不起眼的折返运动引发的。"

如图 2-9 所示，上证指数在 2015 年 6 月 12 日之前呈逐波上扬的态势。指数在震荡上扬过程中形成的高点一个比一个高，回调的低点也越来越高，这说明指数处于牛市期间；其后，指数出现了下跌，且在下跌过程中形成的低点一个比一个低，反弹的高点也越来越低，这说明指数处于熊市期间。

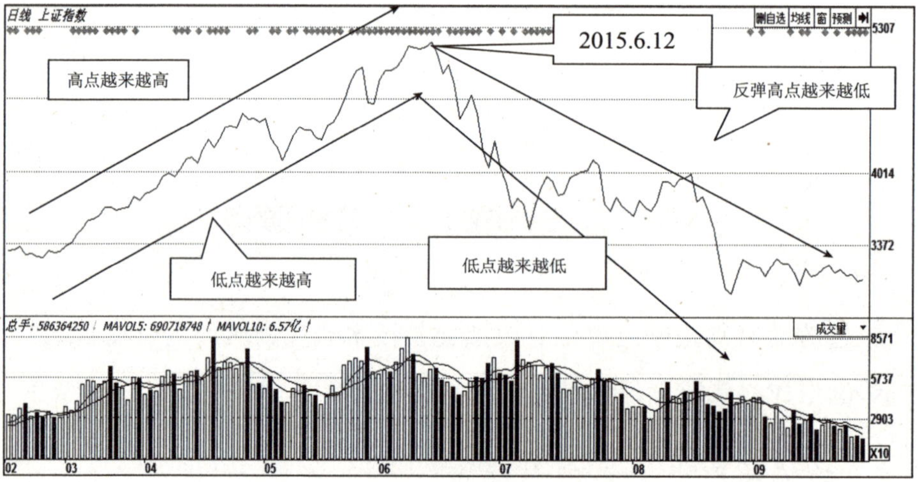

图 2-9 上证指数日收盘价线走势图

查尔斯·道的思想对当前我们常说的右侧交易有直接影响。左侧交易与右侧交易是股市中常见的两种交易模式，如图 2-10 所示。左侧交易指在一个操作周期内，在股价下跌至波谷前买入股票，并在股价上涨至高峰前卖出股票的交易模式；右侧交易指在一个操作周期内，在股价走出波谷后买入股票，并在股价顶部形成后卖出股票的交易模式。

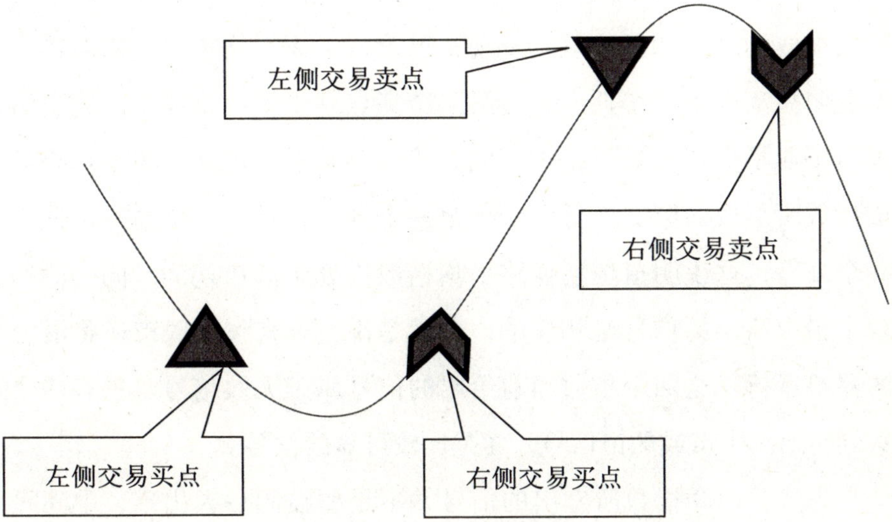

图 2-10 左侧交易与右侧交易

左侧交易强调对股价预判的及时性，即尽量做到在最低点前买入，在最高点前卖出；右侧交易强调对股价真实运行趋势的确认，即当股价趋势走出低谷时买入，在股价顶部已经形成时卖出。

与右侧交易技术相同，道氏理论提倡在趋势形成后再采取行动，而不是在趋势出现前提前预测股市的前进方向。

二、趋势的认定：两种指数必须互相印证

前文说过，查尔斯·道通过追踪道琼斯工业平均指数和道琼斯铁路平均指数总结出道氏理论。查尔斯·道曾不止一次地在文章中强调，在判断和认定趋势时，必须将上述两种平均指数互相印证。也就是说，在一种趋势中，只有两种指数同时发出趋势转向信号，才能认定股市

运行趋势已转向，否则市场还将沿之前的趋势运行。

图 2–11 为假想的道琼斯工业平均指数和道琼斯铁路平均指数的走势图。两个指数几乎同时走出了两个高点和低点，不过仔细观察两个指数形成的高点和低点就会发现：道琼斯工业平均指数走出的第二个低点明显高于第一个低点，且第二个高点高于第一个高点，这说明道琼斯工业平均指数处于牛市期间。我们再来看道琼斯铁路平均指数，该指数所形成的第二个低点低于第一个低点，且第二个高点也低于第一个高点，这说明道琼斯铁路平均指数仍处于熊市期间。同一时间，两个指数给出的信号是相反的，也就是说，未来整个股市还将沿之前的趋势运行。这两个指数当前给出的信号属于无效信号。只有两个指数同步给出牛市或熊市信号，才是比较可靠的信号。

当然，两个指数所发出的信号并不是要在同一天出现，中间隔几个交易日出现也可认定为成功的互相确认。

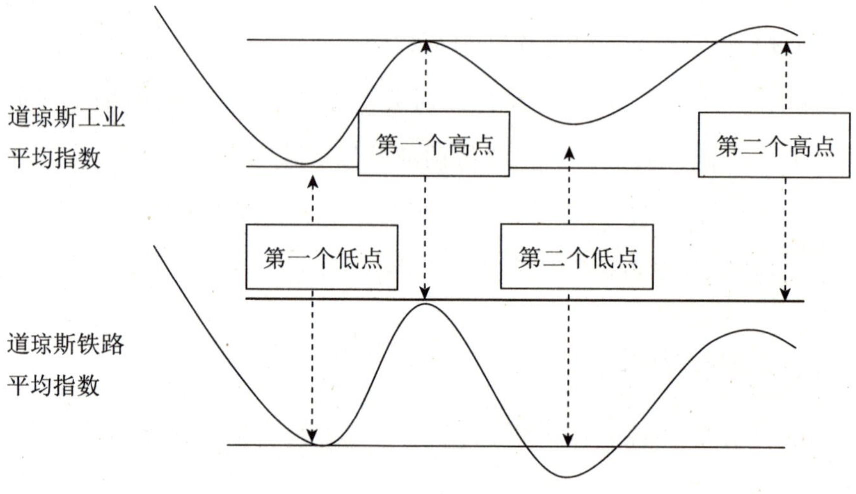

图 2–11 假想中的两种指数走势

在 A 股市场上，上证指数是反映整个股市走势最重要、最基础的指数。尽管深证成指涵盖的范围具有很大的局限性，但在某些时候也可以作为上证指数的有效补充。

创业板指数目前还没有成熟，投资者在分析时可暂不纳入考虑范畴。对专门操作创业板股票的投资者而言，在观察创业板指数的同时，也要借助上证指数判断股市的整体趋势。当创业板指数的走势与上证指数不一致时，应该考虑趋势可能发生变化。

不过，当指数运行至顶部区域或底部区域时，两种指数不再互相印证，这也是常有的现象。目前，在股票技术分析领域就有一些人专门研究背离问题。通常所说的背离更多地指指数与技术指标或成交量之间的背离。两种指数若在顶部或底部区域发生背离，也是值得关注的现象。这一点，我们不能拘泥于道氏理论的说法。

中国股市三大指数走势的对比如图 2-12 所示。

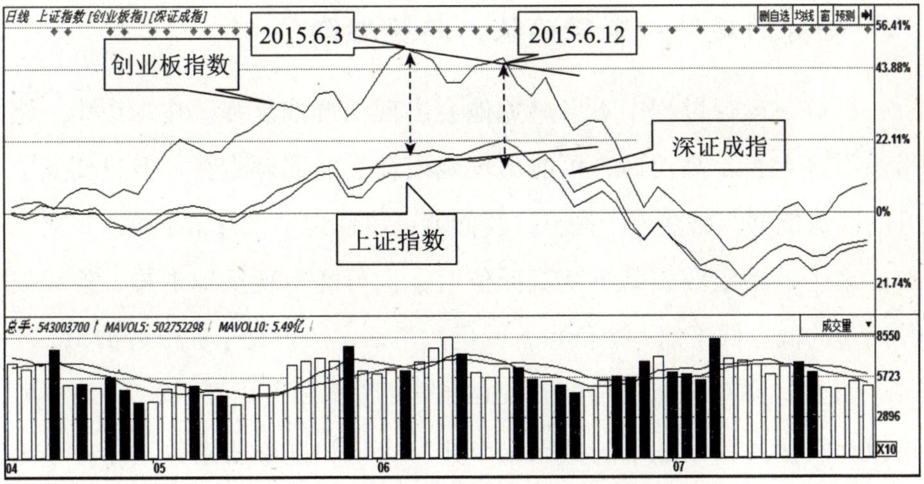

图 2-12 中国股市三大指数日收盘价线走势图

创业板指数、深证成指与上证指数的走势基本吻合。在2015年6月之前，三大股指均呈现震荡上扬态势。不过，2015年6月3日，上证指数小幅回调后继续走高，并于6月12日创出阶段新高，而创业板指数创出高点后回调，且之后在6月12日形成的高点低于6月3日形成的高点，说明创业板指数与上证指数发生背离。创业板指数有回落的可能，投资者宜提高警惕。6月12日之后，上证指数带动三大股指开始全面走低，此后股市正式步入熊市通道。

从上述案例可见，尽管我们在操盘过程中应该以上证指数为股市整体走势的风向标，但也要注意其他股指与其背离的情况。当指数背离出现时，说明指数运行趋势有改变的可能，但具体的趋势改变还需要几种指数相互印证。

在后面章节的案例中，为了便于论述，大多数情况都以上证指数为例进行介绍。

三、趋势的延续：未经确认，趋势继续

指数在运行过程中不可避免地会出现回调或反弹。在牛市中，当指数震荡上行至高位后，可能出现规模较大的回调走势，但只要其上升的高点能够突破前一个高点，我们就可以认定牛市行情继续；反之，在熊市中，当指数震荡下跌至低位后，也可能出现反弹走势，但只要其回落的低点低于前一个低点，就仍然可认定股市处于熊市行情中。

如图2-13所示，上证指数自2018年1月26日开启了一波下跌行情。指数在震荡过程中创下的低点一个比一个低，这说明指数正运行于熊市期间。而且，指数在下跌过程中出现了若干次次级运动，即反弹走势，但反弹结束后指数出现回落时，无一例外地创下了新低，这说明熊市行情还将继续，投资者不宜执行做多交易。

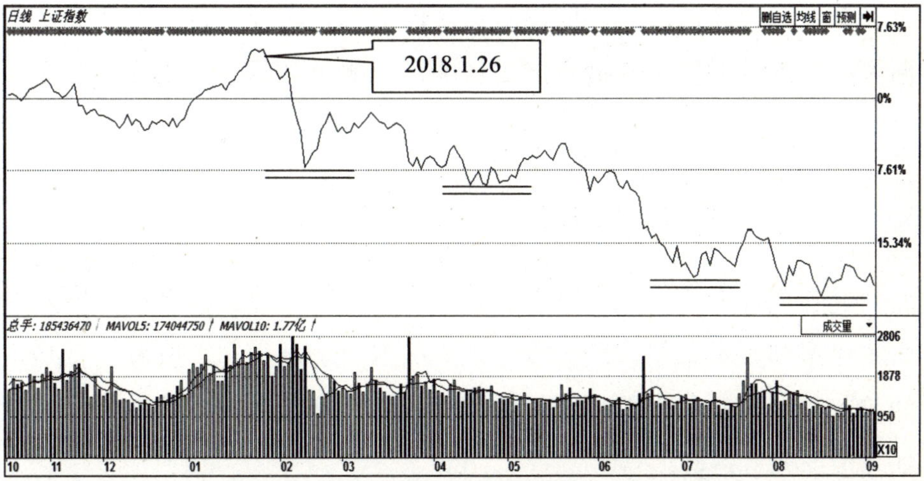

图 2-13 上证指数日收盘价线走势图

通常情况下，只要指数还能创出新高或新低，就表明趋势的控制力量依然在起作用，指数原有的运行趋势将继续，一直到后来被明确的且被确认的行为所抵消为止。对此，汉密尔顿有过这样一个解释："股市晴雨表并不是每天、每时都会给出指示。根据查尔斯·道的理论，一个指示在没有被另一个指示抵消之前依然有效，或者以某种方式得到增强，例如当工业平均指数确认铁路平均指数时，反之亦然。"

通过道氏理论确认趋势，可以有效地回避过早入场遭受的损失。不过，投资者若不能准确区别次级运动和主要运动，也可能出现判断上的错误。例如，在图 2-13 中，指数在下跌过程中出现若干次次级运动，即反弹走势，这些反弹走势也有一些低点出现，这些低点又高于之前形成的低点，投资者若据此认为指数运行趋势已改变，将会出现判断上的错误。正因如此，投资者在使用道氏理论时要注意从多角度分析、判断指数的运行态势，仔细区分主要运动与次级运动。

尽管道氏理论不断强调，趋势终结信号没有出现前，不能提前做出趋势终结的判断，但道氏理论也不否认在熊市中存在若干反弹的高点，并且这些高点之后可能出现更高的高点；同样，在牛市中也存在回调的低点，并且这些低点之后可能还有更低的低点。因此，在主要趋势为熊市的行情中，确实也存在短线和超短线交易者获利的空间。

四、趋势的转向：确认，并保持警惕

没有永远上涨的牛市，也没有永远下跌的熊市。无论什么样的牛市或熊市都有走到尽头的一天。牛市或熊市走到尽头，就意味着原有的趋势将转向。关于趋势转向的判断，道氏理论一向比较谨慎。查尔斯·道提到了三点。

第一，在牛市时，当指数上攻形成的高点无法超越前一高点或回调的低点低于前一次回调时所形成的低点时，就意味着指数存在由牛市转为熊市的可能；反之，也是成立的。关于这一点，后来有很多人进一步解读，他们认为查尔斯·道的这一观点蕴含了一定的关于双顶或双底的思想。也就是说，当双顶或双底形态出现时，也就是指数无法再创新高或新低时，这就是比较明显的趋势转向信号。

如图 2-14 所示，上证指数自 2015 年 10 月开始启动了震荡反弹走势。其后，指数所创高点越来越高，表明此时指数处于牛市期间或者说是一次熊市的次级运动。2015 年 11 月 9 日，指数在创下一个短期高点后回调，其后指数经过一段时间的震荡整理后重新上升，但并未突破 11 月 9 日形成的高点，这说明指数震荡反弹的走势即将结束。而在反弹尾声所形成的两个高点几乎呈现双顶形态。

第二，道琼斯工业平均指数和道琼斯铁路平均指数互相印证且非常重要。在判断趋势转向时，还要特别强调两种指数之间的印证关系，即只有两种指数同步发出趋势转向信号，才能认定趋势已经反转。这

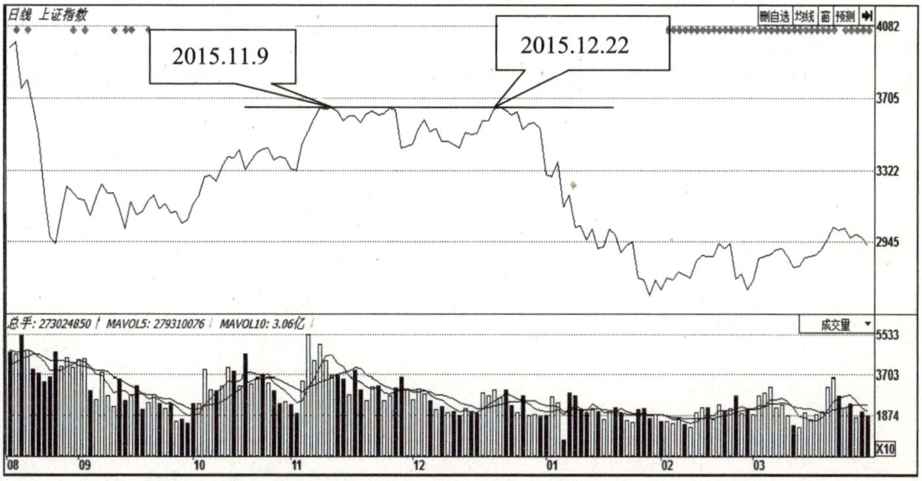

图 2-14 上证指数日收盘价线走势图

一点在 A 股市场上很难找到对应的判断方法，只要上证指数发出趋势反转信号，基本上深证成指和创业板指数也会同步发出趋势转向信号。当然，出于投资安全考虑，投资者也可以等到三个指数全部发出趋势反转信号再采取相应的行动。

第三，趋势转向被确认后，也可能发生反转运动。一旦趋势转向被确认，投资者也不可能稳坐钓鱼台。毕竟，股市瞬息万变，新的趋势形成后，也可能会被另一个新的趋势取代，因此，投资者必须时刻保持清醒的头脑，一旦趋势转变，即新的趋势被确认，立即采取新的行动。

如图 2-15 所示，上证指数在 2017 年年底有结束熊市的迹象。上证指数震荡上行的低点逐渐走高，所创下的高点也越来越高。这说明股市已经从熊市转为牛市。不过，投资者仍不可掉以轻心。

2018 年 1 月 29 日，上证指数收盘价线向下跌破了震荡上升的趋势线且进一步下跌。此后，上证指数重新拐头向上，这个低点仍要高于前一个低点，说明牛市趋势依然存在。2018 年 2 月 5 日，上证指数收盘价线拐头向下，此时其所创下的高点要低于前一个高点，这说明指数的牛市格局有被打破的可能。投资者必须密切关注指数其后的走势。

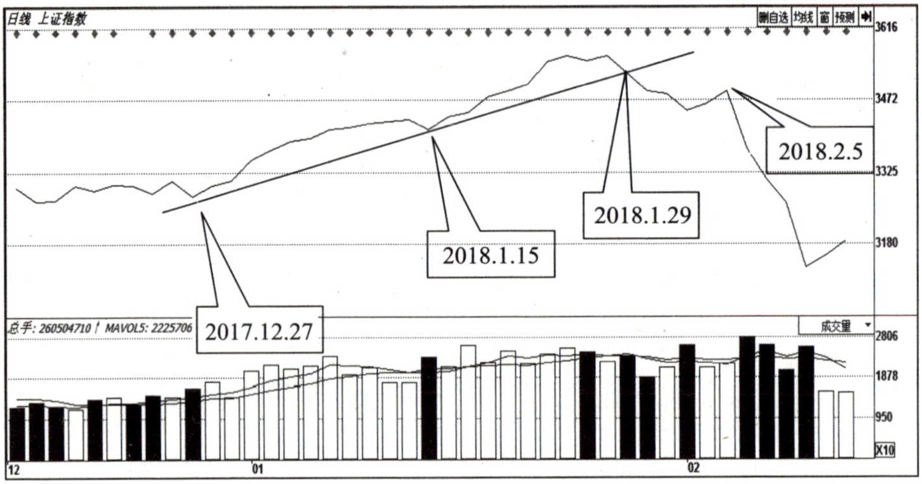

图 2-15 上证指数日收盘价线走势图

第三节 道氏理论的局限性

尽管道氏理论在帮助投资者判断股市走势方面发挥了巨大的作用，但是不可否认，随着时代的发展，它仍不乏局限性。

一、与经济走势的切合性渐弱

前文介绍过，查尔斯·道在设计道氏理论时，目标是将其当成经济晴雨表，而非一般的预测股市走势的分析工具。然而，随着时代的发展，国民经济的构成发生了不小的变化。比如，查尔斯·道在发明道氏理论时，道琼斯工业指数和铁路平均指数所包含的企业基本能够反映美国的经济情况，但随着经济和科技的不断发展，服务业在国民经济中所占的比重越来越大，而在道琼斯指数中却没有赋予其相应的位置，甚至没有服务业代表公司进入指数，这就使得道琼斯平均指数在反映经济走势方面大打折扣。而依据道琼斯工业平均指数和道琼斯铁路平均指数产生的道氏理论的效果也必然无法达到原来的程度。

关于大盘指数与经济走势的切合性方面，A股市场也存在同样的问题。在上证指数的构成中，以中国石油、中国石化和工商银行为代表的国企占据了相当大的权重，大量私企却没有获得上市融资的机会，一些高科技公司、独角兽公司又选择了在海外上市，这就使得大盘指数在反映新经济方面力有不逮。当然，创业板指数和中小板指数在一定程度上能够反映新经济的情况，但仍然缺乏有代表性的著名公司，如阿里巴巴、百度、京东。

二、趋势判断具有滞后性

前文提到，道氏理论在研判股市运行趋势方面与右侧交易很像，不过，道氏理论在趋势转向方面的判断标准更为严格，这也就意味着，依据道氏理论判断股市运行趋势发生转向时，股市可能已经转向很久，甚至有可能利用道氏理论刚刚确认趋势转向时，股市又朝相反的反向运行。因此，滞后性是道氏理论最大的局限。

如图 2–16 所示，上证指数从 2014 年开始启动了一波牛市行情。指数创下的高点越来越高，回调的低点也同步越来越高。到了 2015 年 6 月 12 日，收在了 5166.35 的高点。此后，指数形成大幅下跌走势。按照道氏理论的要求，投资者最快也要在 2015 年 6 月 19 日才能确认大盘行情已反转。不过，这时大部分股票的价格已经大幅下跌。

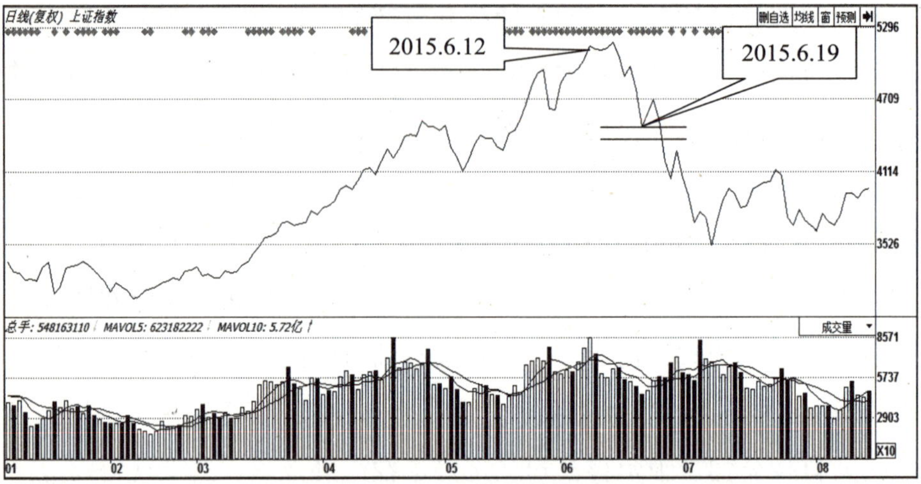

图 2-16 上证指数日收盘价线走势图

市场总是按照道氏理论的趋势运行，但滞后性是其主要缺点。只有股价形成事实上的下跌后，人们才能看到原有的趋势已经结束。不过，这也从反面说明了道氏理论是不会错的。

三、无法适用于中短期趋势

道氏理论创建之初，查尔斯·道就认为日间波动是毫无意义的，因而道氏理论在判断短线或超短线趋势方面注定不会有积极的效果。换句话说，道氏理论是更偏向于中长线投资的分析工具。

长期跟踪股市的投资者清楚，无论牛市还是熊市都很少出现单边走势。在牛市期间，回调是不可避免的，而在熊市期间，有些反弹的力度也很大。特别是 A 股投资者应该清楚，在整个股市发展进程中，大牛市也就几次，大部分时间处于震荡市结构中，这就造成了长期交易的不确定性，相反，一些建立在中期趋势基础上的交易更容易获利。

如图 2-17 所示，从上证指数自 2016 年 4 月到 2017 年 8 月的走势情况可以看出，上证指数在一年多的时间里共上涨了 400 点左右，投资者若坚持进行中短趋势操作，无疑可以获得更多的利润。当然，若想进行中短趋势交易，则无法利用道氏理论分析最佳买卖点。

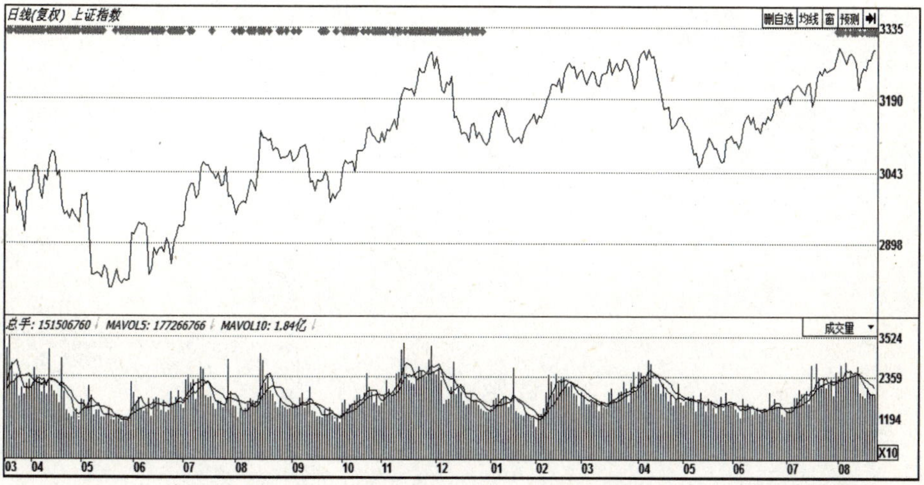

图 2-17 上证指数日收盘价线走势图

第三章
道氏理论的三大运动

道氏理论将股票价格的趋势运动划分成三类：主要运动、次级运动和日间波动。主要运动是股市最基本、最重要的运动趋势，是一种能够对股价走势产生长期影响的运动；次级运动是一种迷惑性极强的、对主要运动进行修正和调整的运动；日间波动是一种重要性相对较低的、对股价整体走势影响较小的运动。

关于这三种运动，汉密尔顿曾经这样解释："关于道氏理论，我们需要牢记在心的是股市有三种运动：股市整体上升或下跌的波段，历时1~3年；次一级的回调或反弹，历时几天到几周；股市的日间波动。这三种运动同时存在，类似于向前的波浪，翻滚的波涛伴随着回撤的波浪冲向岸边。也许可以这样讲，股市的次级运动使其强有力的主要运动暂停了一段时间，不过，即使有所阻碍，自然规律依旧占支配地位。"

正是这三种运动构成了整个股市的趋势运动。

如图3-1所示，从上证指数2014年年初到2015年年中的走势情况可以看出，上证指数在一年多的时间里，整体趋势是震荡上升，也就是说，这一年多的时间里，股市的主要运动是牛市。在这个牛市期间，上证指数也出现了若干次回调整理，但整体回调幅度不大，对整个股市的走势影响也不大，这些回调整理走势就是股市的次级运动，其持续的时间一般在两周左右。

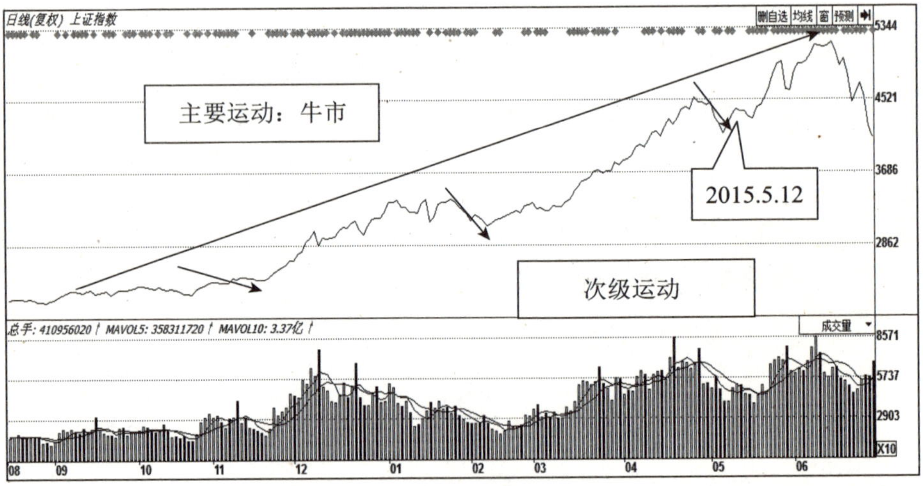

图3-1 上证指数日收盘价线走势图

投资者在图3-1的收盘价线走势图上点击任何一个交易时间点，系统将给出一个分时线走势图，如图3-2所示。

对比图 3-2 和图 3-1 可以看出，尽管上证指数的分时线在一天当中波动比较剧烈，但在上证指数收盘价线走势图上只是微不足道的一个点。其实，这也从另一方面反映了道氏理论所主张的，日间波动对整个股市走势的影响不大，并不值得深入研究。当然，这种观点只在中长线交易中比较有价值。在短线或超短线交易中，日间波动的价值比较大。

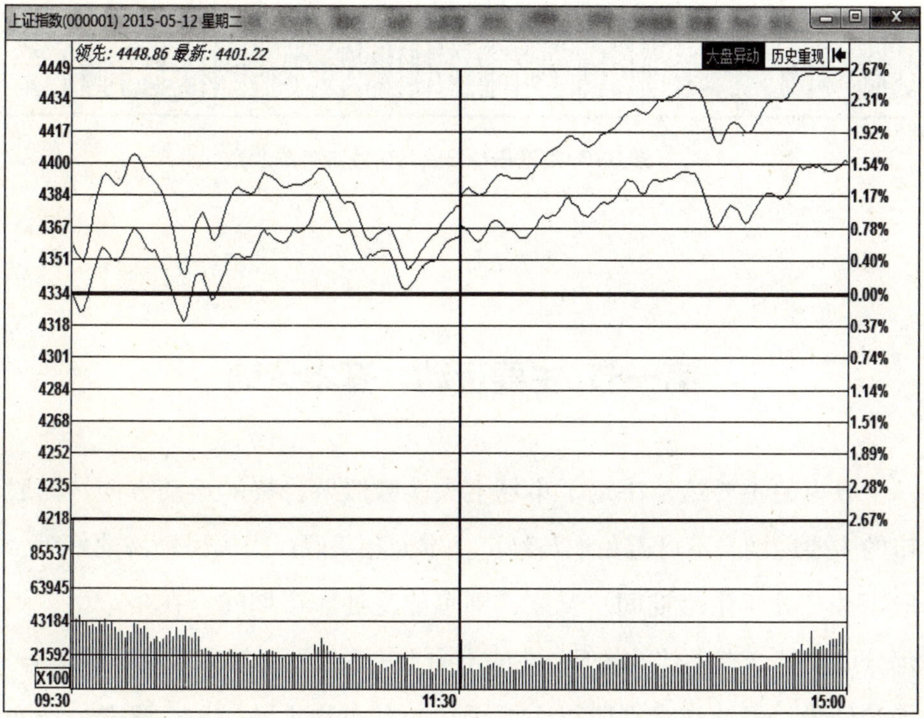

图 3-2 上证指数分时线走势图

对中长线投资者来说，不仅日间波动交易价值不大，就是一些与日间波动相关的小型趋势也不具备较大的分析价值。如图 3-3 所示，上证指数在主要运动为熊市的行情中出现了多次小型趋势，这些小型趋势本质上就是日间波动的延续，对整个股市的主要运动影响不大。

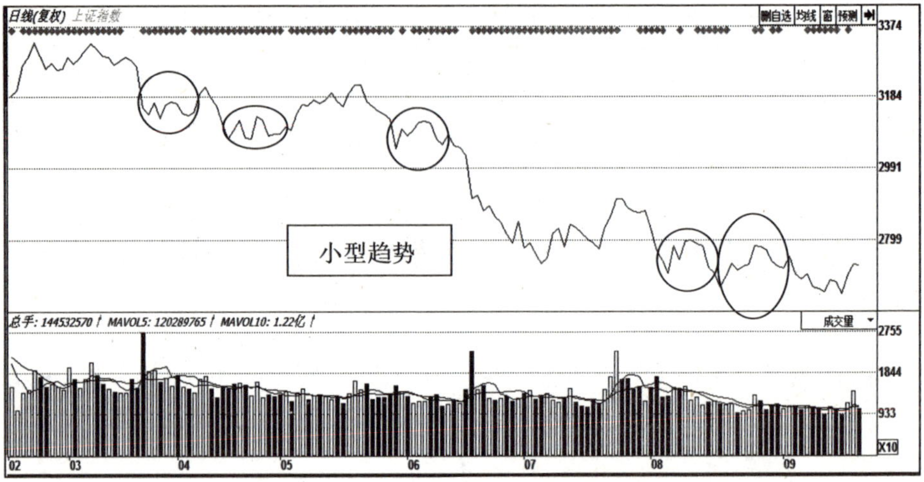

图 3-3 上证指数日收盘价线走势图

第一节 主要运动：基本运动

股市的主要运动决定了市场上大多数股票价格的运动方向，而股市的主要运动又不可避免地与经济基本面相关联。当国民经济向好时，股市往往处于牛市期间；反之，则可能身处熊市期间。在牛市中，大部分股票都会有上佳的表现；在熊市中，大部分股票都会形成下跌走势。换句话说，了解和掌握股市主要运动的方向和阶段，是投资者入场交易前的必修课。

一、主要运动的特征：时间与幅度

投资者希望找到一种能准确判断股价上涨或下跌的转折点并预测涨跌幅度的分析理论。令人遗憾的是，目前还没有哪种理论能够准确预测股市上涨的时间或幅度，即使是被奉为股市技术分析理论经典的道氏理论也做不到。曾经有一些对道氏理论持批评意见的人抱怨：道氏理论若是真正有效的，应该能够预测市场的走向和波动幅度。

不过，道氏理论确实给出了一些参照性的标准。比如，道氏理论曾经指出，一波主动运动可能持续的时间为一年到若干年，而其上涨或下跌的幅度难以判断，毕竟这与整个市场当时的环境密不可分。回顾10余年来A股市场的走势，可以大致看出股市主要运动的时间长度，如图3–4所示。

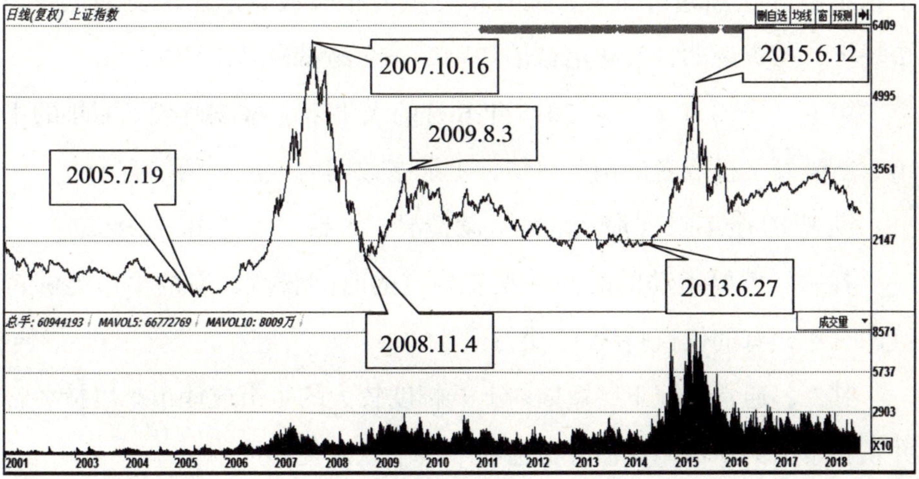

图3–4 上证指数日收盘价线走势图

从上证指数2001~2018年的股价走势图中可以很清楚地看出几次股价的主要运动所持续的时间及涨幅。

第一，2005年7月到2007年10月的大牛市持续了两年多的时间。上证指数涨幅超过600%，这是截至目前我国股市最大的一波涨幅。

第二，2007年10月到2008年11月的熊市持续了一年多的时间。该熊市几乎抵消了之前大牛市80%的涨幅，甚至个别股票跌到了2005

年7月之前的价格水平。

第三，2008年11月到2009年8月的小牛市。这是一个值得商榷的牛市，因为其持续时间不到10个月，且更接近于上一波熊市的反弹动作。不过，毕竟在这一阶段，股市的指数也翻了一番，并且从之后上证指数的走势来看，应该属于独立的牛市而非次级运动。毕竟，其后的下跌并没有创下新低。

第四，2009年8月到2013年6月的熊市。这是一个充满震荡又消磨人心的熊市。在长达四年的时间里，上证指数不断创出新低。四年来，上证指数的跌幅超过40%，而且市场上有很多股票跌至历史最低点。市场上，投资者的投资热情被消耗殆尽，交易量极其惨淡。

第五，2013年6月到2015年6月的大牛市。这波持续了两年的牛市重新激发了投资者的做多热情，上证指数因此上涨了两倍有余。

纵观10余年来A股市场的运动情况，大致可以得出三条结论。

其一，主要运动的时间并没有确定的时间长度，有的牛市能够持续两三年，有的仅仅持续10个月。

其二，通常情况下，短期内上升幅度较大的牛市或熊市难以持久，并且在暴涨的牛市结束后往往会有一波下跌急促的熊市。

其三，相对平缓的运动能够持续更长的时间，例如，2009~2013年的熊市持续了四年之久，而2007~2008年的熊市只走了一年就结束了。

二、借助周线或月线观察主要运动

在利用日线观察主要运动时，不可避免地会被各种次级运动或者低一级的运动左右，也更容易做出错误的判断，因此，若能将分析周期放大至周线或月线，则可以有效地回避各种无效的波动，从而做出更加科学、准确的判断。

下面是上证指数 2017 年 4 月到 2018 年 9 月的日线走势图，如图 3–5 所示。上证指数在 2018 年 1 月 26 日之前的主要运动为牛市，其后转为熊市。不过，在主要运动期间，指数出现了多次回调和反弹等动作，这就为投资者判断主要运动增加了不必要的负担，因此，我们可以考虑将日线图切换为周线图。

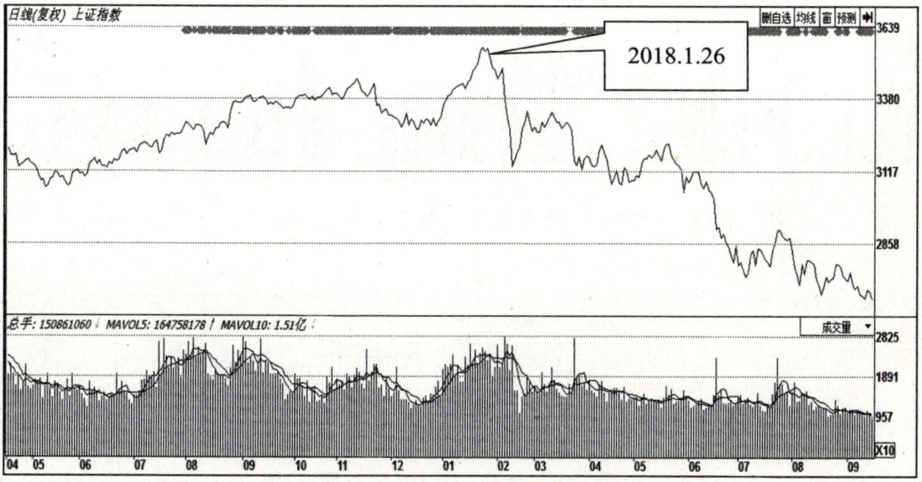

图 3–5　上证指数日收盘价线走势图

如图 3–6 所示，上证指数的波动小了很多，但在主要运动中也有多次小规模的次级运动，投资者还可将周线图转为月线图。

如图 3–7 所示，上证指数的波动更少了。在主要运动期间，只有为数不多的几次次级运动。对长线交易的投资者来说，月线图是个不错的选择，但月线图也可能使投资者在趋势发生较大转向后才意识到原有趋势已终结，新的趋势将形成，这可能会使其遭受较大的损失。

因此，投资者最好能将月线图与周线图、日线图结合，再综合其他技术分析指标，尽早发现趋势转换的信号。

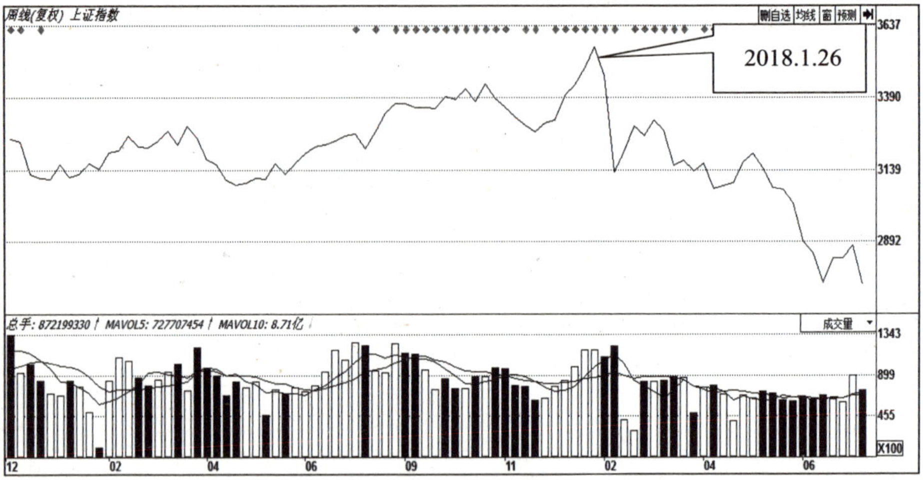

图 3-6 上证指数周收盘价线走势图

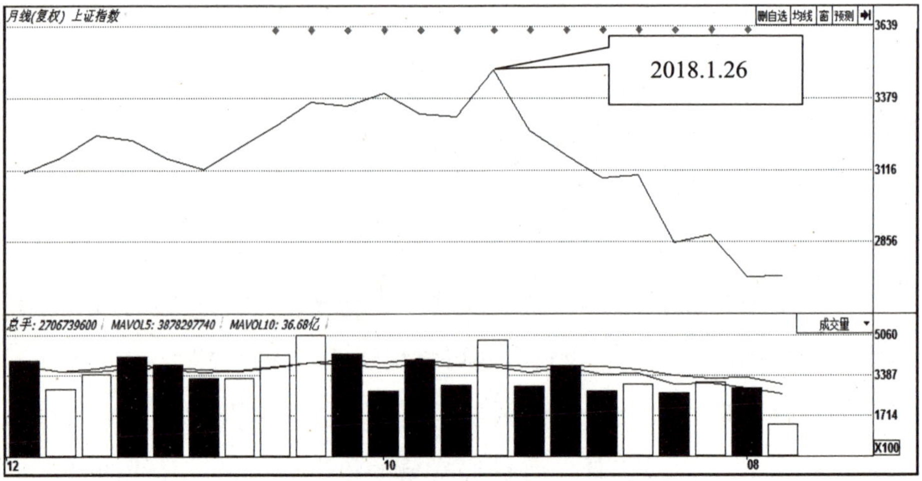

图 3-7 上证指数月收盘价线走势图

第二节 次级运动：折返运动

在某种意义上，次级运动就是主要运动的一次反向运动。次级运动有四个特点。

第一，它与主要运动的方向相反，即牛市的次级运动都是下跌运动，熊市的次级运动都是上升运行。关于这一点汉密尔顿曾经在文章中写道："20多年来讨论这个话题所得到的经验告诉我们，市场中的次级运动本身并不与牛市的主要运动规律一致。牛市中的次级运动仅与熊市在方向上相同，本质上却大相径庭。"

第二，回调或反弹的幅度要小于主要运动运行的幅度。若其超出主要运动的幅度，就将不再是次级运动，而是主要运动了。

第三，持续时间相对较短，通常为三周到数月。

第四，次级运动不可能改变主要运动的方向。

通常情况下，在一个主要运动中，不可避免地会出现若干次次级运动，这些次级运动本身也是主要运动的组成部分。汉密尔顿曾经这样说："次级运动是保障牛市发展的重要措施之一，它是检验过度投资最有效的方法。"

一、次级运动的波动幅度

次级运动的本质就是对主要运动的一次修正。牛市中，若投资者过于狂热，为了让牛市正常持续，必须借助次级运动进行调整。熊市也是同样的道理。就如大家通常所说的，休息一下并不是停滞不前，而是为了跑得更快。

首先，按照道氏理论的说法，在大牛市中，股价回撤的幅度会在33%~66%之间。汉密尔顿写道："次级运动趋于自我过度反应，正如过去的25年显示的那样，通常回升会在下跌60%时发生。"若股价已经形成快速上升走势，那么此后出现的次级运动一般回撤幅度可能不到30%。这是源于市场上大多数投资者对股价已经产生某种强烈的看涨或看跌情绪，因而当股价稍有调整，一些坚持认为股价会按照原趋势运行的投资者就会采取相应的行动，从而促使股价恢复原趋势。

如图3–8所示，A股市场在2015年年初出现了一波大牛市行情，当指数上升至较高的位置后，上升的速度明显加快。尽管在此期间指数也出现了回调，但回调持续时间非常短（比道氏理论所确定的次级运动所持续的时间要短，这也与我国股市尚不成熟、投资者容易情绪化有关），且每次回调的幅度均在30%以内。这说明此时处于牛市的尾声，市场上大多数投资者对股市持乐观态度，因而股市每次回调，很多投资者都将其看作买入的良机。此时，投资者需要谨慎从事，不过这一阶段往往也是股市上升幅度最大的阶段。

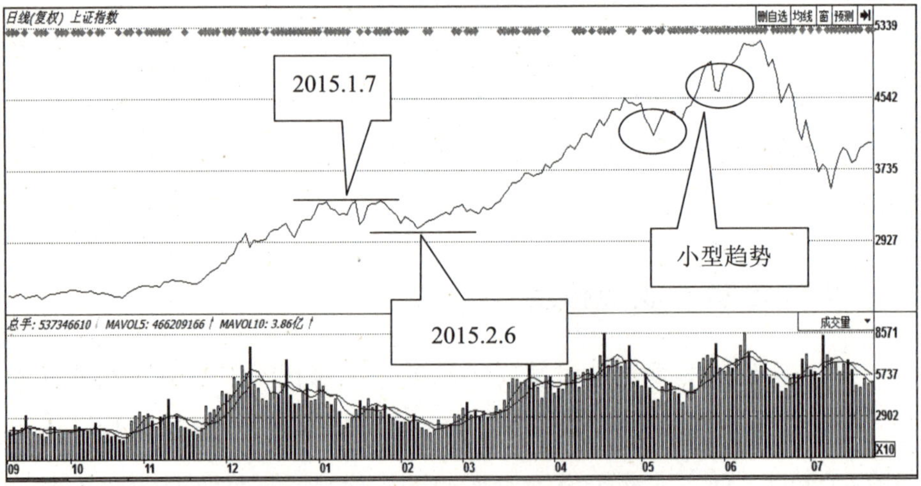

图3–8 上证指数日收盘价线走势图

其次，大牛市结束后出现的熊市通常会有一波规模较大的杀跌走势，则当下跌动能充分释放后，同步会出现一波规模较大的反弹，这波反弹的幅度可能达到前一波主要运动跌幅的 33%~66%。

如图 3–9 所示，上证指数在 2015 年下半年走出的一波大熊市行情。上证指数自 2015 年 6 月 12 日开始启动下跌后，一路大幅走低。在这波主要运动为熊市的行情前期也曾出现了几次次级运动，不过持续的时间非常短。大量资金夺路而逃，每次反弹都成为逃跑的良机，因而中间一些小型反弹趋势持续的时间非常短。正因如此，在下跌起始阶段很难出现规模较大的次级运动。直到 2015 年 7 月 8 日，下跌动能充分释放后，反弹的幅度才有所提升。不过，这时股价的整体跌幅已经超过 33%。 此后，上证指数出现了一波次级运动，本次反弹走势在 2015 年 7 月 23 日结束，持续了两周多，上升幅度超过 37%。

也有一些股票研究者喜欢借助黄金分割线研判次级运动的阻力位和支撑位。

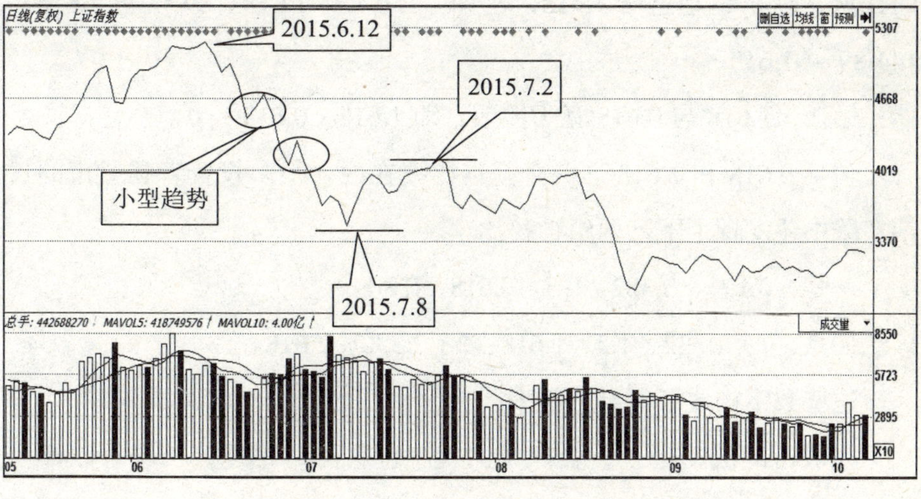

图 3–9　上证指数日收盘价线走势图

黄金分割率由古希腊数学家毕达哥拉斯发现，由13世纪的数学家斐波纳奇重新发现和发展的。斐波纳奇写过一本书，涉及一些奇妙的数字组合，这些奇妙的数字组合是1、2、3、5、8、13、21、34、55、89、144、233……后人将该数列以其名字命名为斐波纳奇数列。有人认为斐波纳奇数列与金字塔上的某些数据息息相关，比如，金字塔的长度为5813寸（5—8—13），高和底边的比率为0.618。而神秘数字组合中从21往后任何两个连续数字的比率都近似于0.618。

这一数列具有四个特点。

第一，其中任何一个数字都是前面两个数字之和，即1＋2＝3、2＋3=5、3＋5=8……

第二，除了最前面3个数（1、2、3），前一数字与后一数字之间的比例越来越趋近0.618，例如：34/55 ≈ 0.618、55/89 ≈ 0.618、89/144 ≈ 0.618……

第三，除了最前面3个数（1、2、3），后一数字与前一数字之间的比例，越来越趋近于1.618，例如：55/34 ≈ 1.618、89/55 ≈ 1.618、144/89 ≈ 1.618……

第四，1.618与0.618互为倒数，即1.618 × 0.618 ≈ 1。

包括0.618和1.618这两个基本比率在内，很多投资者在股市的长期实践中还发现了下列两组神秘比率。

一是，0.191、0.382、0.5、0.618、0.809。

二是，1、1.382、1.5、1.618、2、2.382、2.618。

这些数字构成了黄金分割率。

在股市的波动中，黄金比率的现象也会时时出现。市场可以产生完整的黄金比率。一个上升浪发生了调整，而调整浪与这个上升浪的比例往往就是黄金比率，如图3–10所示。

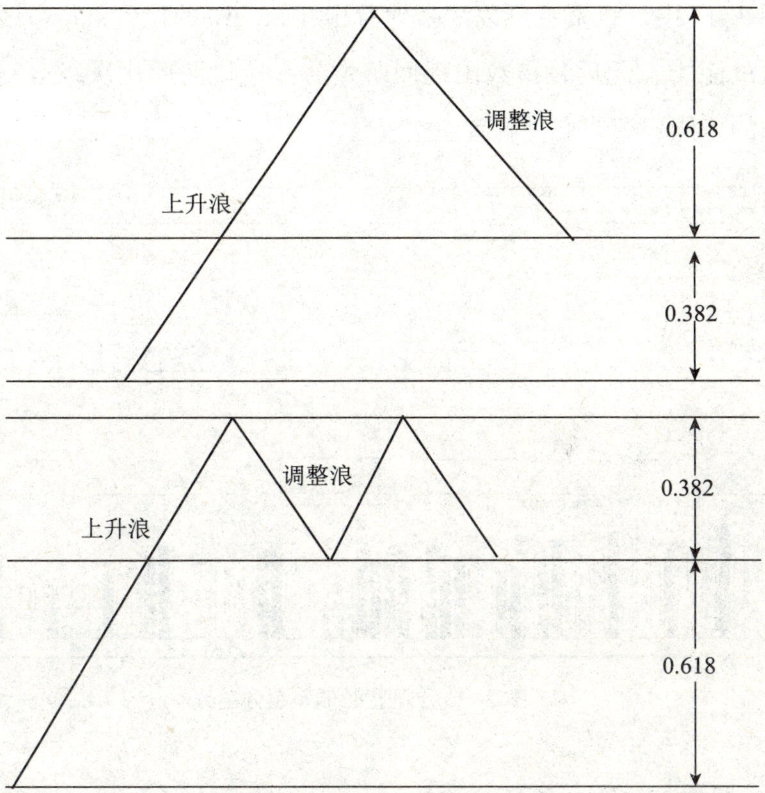

图 3-10 上升浪与调整浪的黄金比率关系

投资者在选中的 K 线走势图页面上点击“画线工具”按钮，在弹出的对话框内选择“黄金分割线”即可。

投资者在点击“黄金分割线”后，先选择起点，一般选择一段行情的高点或低点，然后点击并按住鼠标左键不放，拖动鼠标至另一个低点或高点位置放开，即可得到相应的黄金分割线。

我们以图 3-9 为例绘制一组黄金分割线，如图 3-11 所示。投资者可将黄金分割线的起点设置在 2015 年 7 月 8 日，再将终点设置在 2015 年 6 月 12 日，这样系统会自动生成一组黄金分割线。通常情况下，黄金分割线中的 38.2% 位置和 61.8% 位置会产生较大的支撑或阻力作用。

在图 3–11 中，投资者可以清晰地看出在 38.2% 的位置，指数线受到了较大的阻力，此后，指数出现回落走势。这说明此次次级运动到此有终止的可能，短线交易者宜清空仓位。

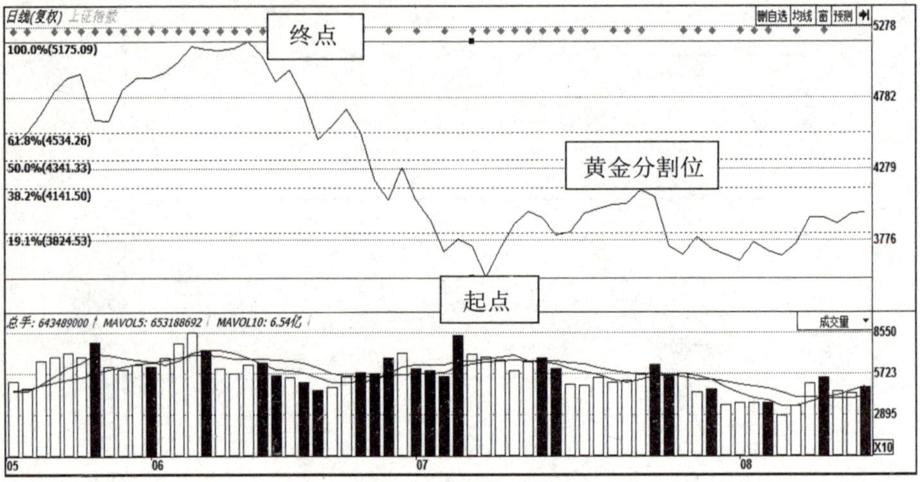

图 3–11 上证指数的黄金分割线

二、次级运动拐点的识别

前文介绍过，次级运动本身就是对主要运动的修正，是为了保证主要运动的进行。次级运动出现后何时才会结束，是投资者非常关注的问题。次级运动结束的拐点，道氏理论认为：牛市中的次级运动有一个固有的特点，当指数回调至最低点的时候，一般会伴随巨大的交易量。然后市场会出现一两天的上涨，这时成交量会保持放大或稍有减少。接下来可能会出现小幅下跌，但没有跌破前期低点，随后，指数重新上攻，这说明指数回到了牛市轨道上。

道氏理论关于次级运动与成交量的论述，与我们熟知的量价关系论点一致，即股价经过一段时间的上涨后出现回调，此时成交量会随之不断萎缩；股价回调至低点时，往往也是成交量很低的时候，其后，成交量突然放大，股价同步上升。通常这种上升在两个交易日左右会出现小幅回调，有时候没有回调，股价就直接发动了上升走势，这标志着股价重新回到了上升趋势。

如图 3-12 所示，上证指数自 2005 年下半年启动了一波大牛市行情。指数的高点不断被刷新。2007 年 5 月 29 日，指数在创新高后回调，成交量同步逐级萎缩。此后，指数走出了一波震荡下跌行情，这预示着指数次级运动的到来。2007 年 7 月 5 日，指数创下了回调新低。次日，指数放量上升，成交量明显比前一交易日放大，这表明有新的资金入场。若接下来几个交易日量价能够齐升，或指数小幅缩量回调，但只要回调幅度没有吞没前一交易日上涨的幅度，那么未来指数就有重新回到牛市的可能。

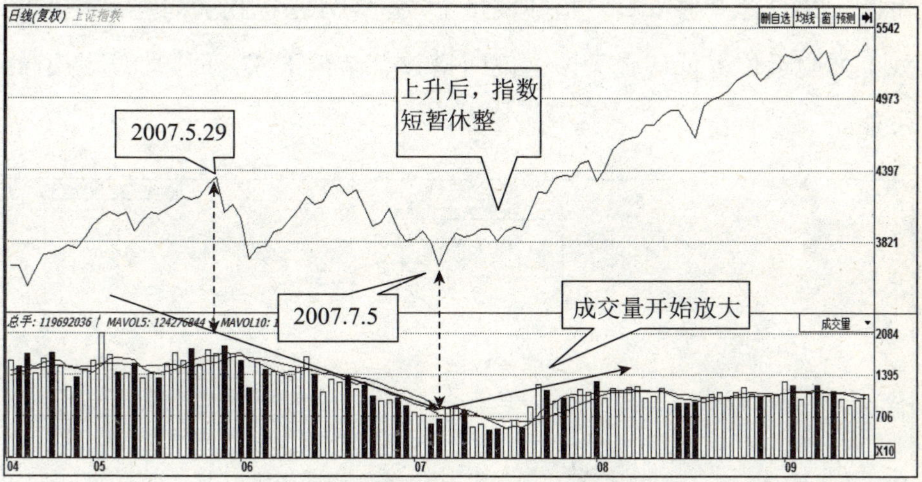

图 3-12 上证指数日收盘价线走势图

原则上，道氏理论不需要借助其他技术指标，因为市场平均价格指数能够反映一切。但在具体操盘过程中，为了获得更及时、更准确的信号，可以引入一些技术指标，特别是牛市中的次级运动已经展开时，例如使用 KDJ 指标辅助分析次级运动的终点。

在KDJ指标中，当卖出者越来越多，卖方就会居于主导地位，KDJ指标随之走低，但当KDJ指标进入20线以下区域，则意味着市场已经超出卖方控制范畴，市场有重新上攻的可能。在主要运动为牛市的行情中，次级运动进入尾声时，KDJ指标就会进入20线以下超卖区域，这就意味着指数或股价有随时反弹向上的可能。此后，若指数或股价形成反弹走势，KDJ指标拐头向上，且在20线上方形成黄金交叉，则意味着次级运动有结束的可能。

再看一下图3-12加入KDJ指标后的情况，如图3-13所示。上证指数自2005年下半年启动了一波大牛市行情后，在2007年5月底回调，这标志着指数启动了一波次级运动。此后，随着指数的不断走低，KDJ指标不断下跌，并进入超卖区域，这说明指数有结束下跌反转向上的可能。2007年7月6日，指数放量上攻，KDJ指标拐头向上，并在20线上方附近位置低位金叉，这说明指数有结束下跌、回归上升通道的可能。

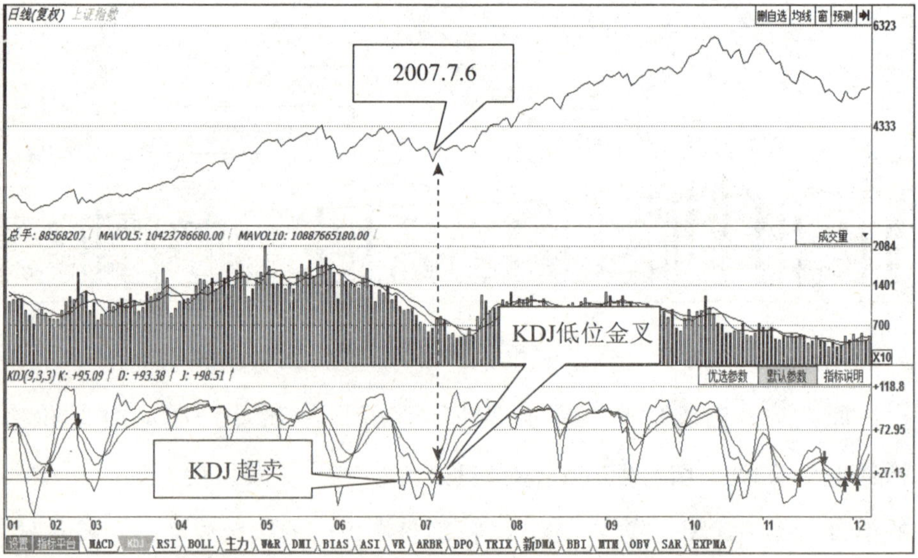

图3-13 上证指数日收盘价线走势图

第三节 日间波动：被人为控制的运动

股票，不可避免地会被人为操纵，但其只能控制日间波动，很难控制主要运动，从这点上来说，人为操纵对股市的影响有限。道氏理论强调，仅根据一天股票价格的走势判断股价运行趋势是不现实的，但是即使再大的行情或运动也是由日复一日的日间波动组合而成的。正因如此，作为普通投资者，尤其是短线或超短线投资者更不可忽略日间波动。

一、日间波动与小型趋势

小型趋势是由连续几个日间波动构成的趋势运动。因为这些趋势运动持续的时间非常短，从两三个交易日到两周左右。当然，我们可将比小型趋势更长的运动看作次级运动，甚至主要运动。

如图 3–14 所示，小型趋势的走势对指数的整体走势没有产生任何影响，它们也不会像次级运动一样需要投资者仔细识别指数运行趋势是否已转向。通常情况下，这些小型趋势产生的波动幅度不会超过 5%。不过，指数运行趋势的根本性转向也无一例外地发端于这些日间波动和小型趋势。因此，投资者在交易过程中必须密切关注小型趋势，防止主要运动突然转向。事实上，很多次大牛市结束后的暴跌都是突然间出现的。投资者若再等待更具体的趋势转向信号，手中股票的跌幅可能已经很大了。

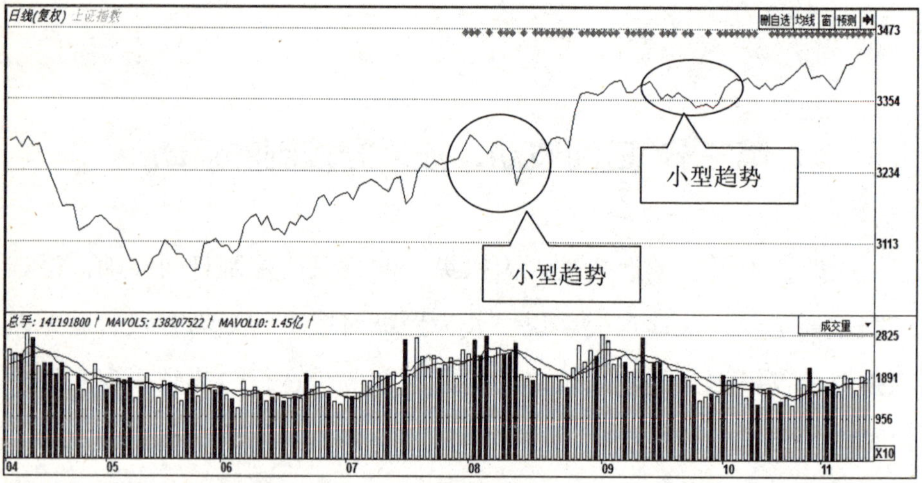

图 3-14 上证指数日收盘价线走势图

在道氏理论中，日间波动和小型趋势之所以不被重视，主要因为其容易被人为操纵。不过，站在今天的立场来看待这个问题需要认清一点：被人为操纵其实也是有研究价值的。站在整个股市和主要运动的立场来看，没有人为操纵的市场是完美的，但是作为普通投资者很少通过交易指数赢利，更多的人还是希望通过交易个股获利，而交易个股又不可避免地会与人为操纵挂钩。我们还可以从另一个角度审视人为操纵这件事。大家知道，目前市场上大部分股票都或多或少地有主力资金介入，有的股票介入的主力资金较少，有的则较多。其实，主力资金介入较多的股票更容易被拉升，投资者更容易获利；反之，那些没有主力资金参与的股票，股价很难有较大的涨幅，交易这类股票的投资者想要获利也非常困难。

也就是说，我们可以借助道氏理论认清整个股市所处的主要运动阶段，然后还是要回到个股来研究交易技术和交易方法。

二、日间波动与 T+0 交易

研究日间波动的本意就是要找到人为操纵的痕迹，再试图从中获利。日间波动以及由日间波动衍生的小型趋势尽管不能改变股市的整体运行趋势，但是可以改变个股短期的运行态势。其实，即使是道氏理论的重要推广者汉密尔顿，对日间波动的态度也是非常矛盾的。例如，他曾不止一次声称“股票市场的日间波动并没有逻辑”，然而他也曾说“市场的日间波动偶尔会相当有用”。

从某种意义上说，T+0 交易的本质就是在反向使用道氏理论。道氏理论要尽量减少人为操纵的影响，而 T+0 交易是尽量寻找人为操纵的迹象。没有主力介入且采取行动的股票，对 T+0 交易者而言没有意义。T+0 交易的标的是那些短期内有巨大波动的股票，而只有主力采取行动的股票才会显现巨大的波动。

如图 3–15 所示，双杰电气（300444）的股价在 2017 年 9 月 4 日出现了较大幅度的波动。喜欢做 T+0 交易的投资者可以借此机会完成一波顺向 T+0 操作。2017 年 9 月 4 日早盘开盘后，股价线向上穿越开盘价，这属于典型的买入信号。其后，该股一路震荡上行，并始终位于均价线之上。进入尾盘阶段，该股股价与成交量线形成了背离形态，即随着股价线的上攻，成交量线并未随之上攻，投资者可在股价线出现回调时执行卖出操作。

由于 A 股执行的是 T+1 交易制度，所以当日买入的股票要到下一交易日才能卖出。不过，当日卖出股票所得资金当日可以马上投入交易，这就使得投资者能够运用一定的技巧实现 T+0 操作。投资者进行 T+0 交易的方法有两种：一是顺向 T+0 交易，二是逆向 T+0 交易。

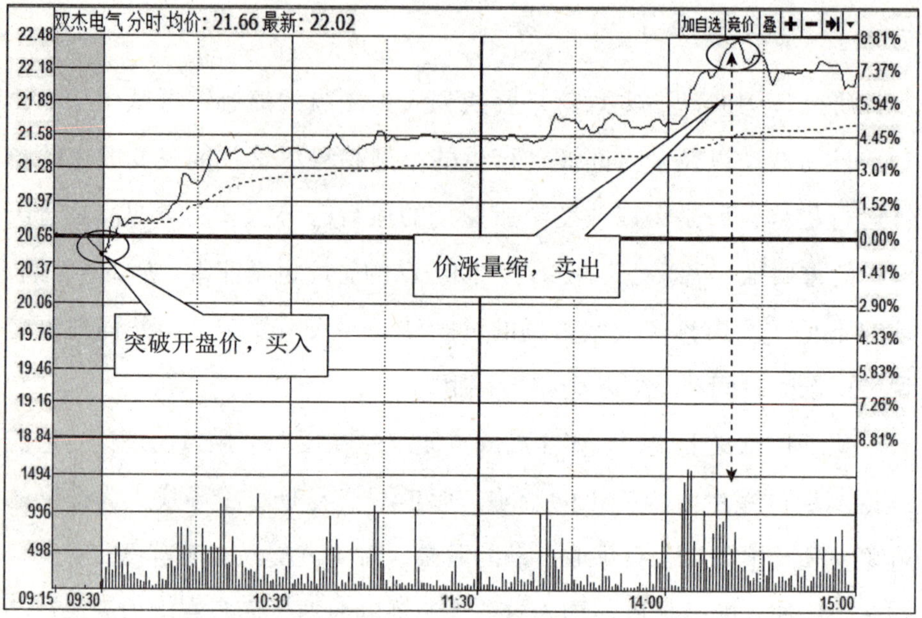

图 3-15 双杰电气分时走势图（2017.9.4）

1. 顺向 T+0 交易

顺向 T+0 交易指投资者持有一定数量的某股票后，在某日交易时段内，认为该股将上涨，那么他就可以买入同一股票，待其上涨到一定价格后，将原来持有的同一品种的股票全部卖出，从而在一个交易日内实现低买高卖，获取差价利润。

用一个例子说明整个顺向 T+0 交易过程。一位投资者手中持有 1 000 股价值为每股 11 元的股票和 1 万元现金。在某一交易日，股价下跌到每股 10 元，此时他认为该股当天可能上涨，便用手中的资金以每股 10 元的价格买入 1 000 股（手续费、佣金忽略不计）。收盘前，该股上涨到每股 11 元，投资者就可以卖出以前买入的 1 000 股，而将当日买入的 1 000 股留在手中。这就相当于该投资者于当天以每股 10 元买入了 1 000 股，又在当天以每股 11 元将 1 000 股卖出，自己手中依然持有 1 000 股，而现金却多出了 1 000 元。这就是一次成功的顺向 T+0 交易。

顺向“T+0”交易要求投资者手中必须有部分现金，否则难以实现交易，即满仓被套则无法进行 T+0 交易。

2. 逆向 T+0 交易

逆向 T+0 交易指投资者持有一定数量的某股票后，在某日交易时段内认为该股将下跌，那么就可以卖出全部或部分股票，待其下跌到一定价位后，将原来持有的同一品种的股票全部买回，从而在一个交易日内实现高卖低买，获取差价利润。

用一个例子来说明整个逆向 T+0 交易过程。一位投资者手中持有 1 000 股价值为每股 11 元的股票。在某一交易日，股价上涨到每股 12 元，此时，这位投资者认为该股当天有可能出现一波下跌行情，于是将手中的 1 000 股全数卖出，获得 12 000 元现金（手续费、佣金忽略不计）。收盘前，该股下跌到每股 11 元，投资者就可以将之前卖出的 1 000 股买回，这样，他依然持有 1 000 股，现金却多出了 1 000 元。这就是一次成功的逆向 T+0 交易。

逆向 T+0 交易要求投资者手中必须持有一定数量的股票，而不需要有现金，即投资者即使满仓被套也可进行逆向 T+0 交易。

第四章
道氏理论在牛市与熊市的应用

对普通投资者而言，识别牛市与熊市是道氏理论最主要的功能。本章将重点介绍牛市运动与熊市运动以及横向运动的识别方法。

第一节 牛市运动

牛市与熊市都不会永远存在。牛市和熊市，与中国道家所讲究的阴阳转换相似，当熊市进入顶峰时，往往牛市的基因就会逐渐成形，并发展显现出来；当牛市由弱转强，并逐渐走向鼎盛时，熊市的迹象就会显现。股市就是在这种牛市与熊市的循环中不断前行。当然，有时也会出现一段时间的横向运动，只是这种运动近似于次级运动，或者是牛市与熊市运动之间的过渡，不会成为股市的主流。

一、牛市的三个典型阶段

通常情况下，牛市从形成到发展，最后到逐渐衰退，大致经历三个比较显著的阶段：第一阶段，股价回归价值阶段；第二阶段，随着经济的向好，股价不断调整，牛市处于持续发展阶段；第三阶段，由于投资者做多热情高涨，股价开始偏离价值，这也是熊市孕育的阶段。

A 股市场的大牛市在各个阶段呈现不同的特征，如图 4-1 所示。

第一阶段，上证指数的上升势头缓慢，而且回调次数较多。这种走势很容易给人一种熊市将重新到来的感觉。由于之前经历了漫长的熊市，很多股票价格已经远远低于其真实的内在价格，这就为后面的股价上涨提供了空间。不过，由于投资者刚刚经历了惶惶不安的熊市，稍有风吹草动就会怀疑牛市能否到来，这也使得在这一阶段回调运动较多。整个股市就是在这种疑虑与恐慌中不断上升。

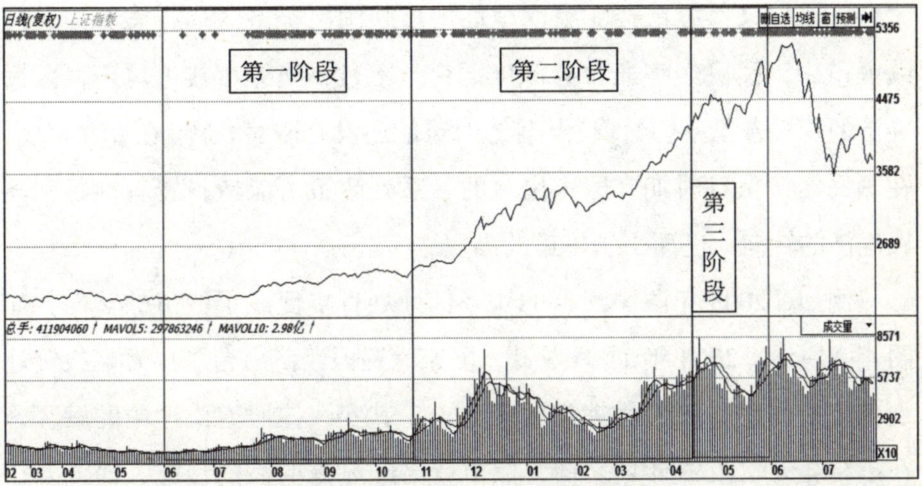

图 4-1 上证指数日收盘价线走势图

第二阶段是整个牛市中最重要的上升阶段，通常是持续时间最长、涨幅最大的阶段。这一阶段往往也是国民经济良性运行的黄金时期。大多数投资者都认可股市将继续上升，所以整个市场呈现一片欣欣向荣的景象。

第三阶段是牛市的尾声，也是牛市中上涨最疯狂的阶段。通常情况下，在很短的时间内，股市会有相当大的涨幅。但是由于股市的持续上升需要越来越多的资金推动，当资金无法继续增加时，意味着牛市的终结。

二、牛市的成因与熊市的消退

在漫漫熊市之后，市场上大部分投资者对股市丧失信心，此时往往就是牛市启动的时候。这个阶段具有三个显著的特征。

1. 国民经济形势最艰难的时期已经过去

查尔斯·道更多地将道氏理论看作经济晴雨表，也就是说，在查尔斯·道看来，股市会完整而全面地反映国民经济的运行态势。在持续熊市中，国民经济通常会深度恶化。不过，当熊市接近尾声，国民经济的积极迹象就会显现，尽管这时可能还没有彻底好转。在A股市场，在国民经济低谷时期，国家出台的一系列政策可能使投资者预感到国民经济的转向，进而引领牛市的出现。

例如，2008年国家出台的4万亿计划直接促成了股市的转向，如图4-2所示。2008年11月5日，国家为提振经济出台了4万亿投资计划，直接促成了A股由熊市转为牛市。其实，按照道氏理论的解释，在出台4万亿投资计划之前，熊市就已经显露明显的疲态，而4万亿计划是牛市的催化剂。不管怎样，牛市终会到来，只是可能相对晚一些。毕竟，指数已经包容了一切。

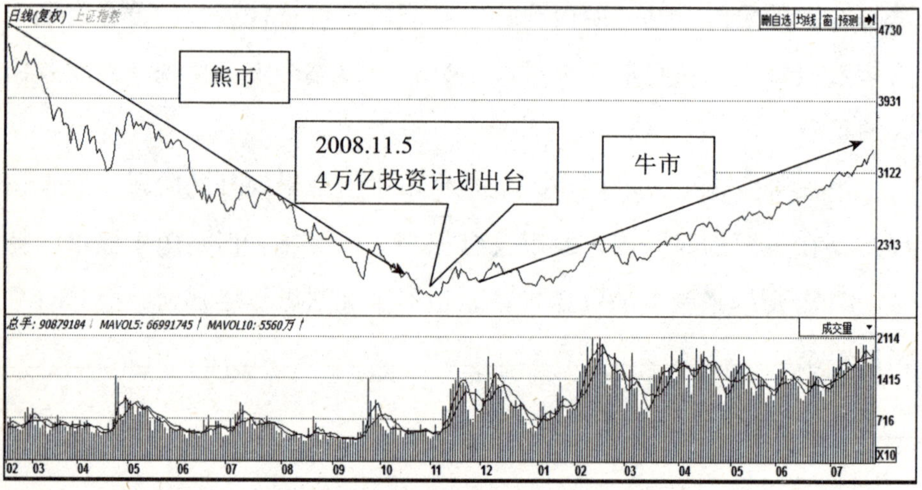

图4-2 上证指数日收盘价线走势图

2. 股价大幅低于内在价值

经过了熊市的漫长下跌之路，大多数股票的价格都在不断地创新低。在熊市启动阶段，绩优股往往表现得比较抗跌，其他股票则早已大幅下跌，但这些绩优股在熊市末期也会出现一波下跌走势。在这些绩优股下跌过程中，不可避免地会出现超卖行为，股价被打压至远远低于其内在价值。这就使得整个市场中股票的市盈率和市净率全部处于低位水平。回顾历史上 A 股处于底部区域时，股票的平均市盈率和市净率数据，我们可以确认以上结论，如表 4–1 所示。

表 4–1　A 股市场底部与股价市盈率、市净率对照表

底部时间	上证指数点位	平均市盈率（倍）	平均市净率（倍）
1994	325	12	1.2
1996	512	19.44	2.44
2005	998	15.87	1.7
2008	1664	14.24	1.95
2016	2874	13.55	1.55

通过对以上几次历史大底的研判，我们大致可以得出两个结论：一是当上证指数处于底部区域时，市场上股票的平均市盈率在 15 倍左右；二是市场上股票的平均市净率约 1.8 倍。也就是说，当市场上股票的市盈率低于 15 倍、市净率低于 2 倍，投资者就要考虑股市即将进入底部区域了。

3. 市场开始对利空消息免疫

在熊市期间，市场对各类利空消息会避之唯恐不及。无论是真实的利空还是谣传的利空，市场一定会相应地出现大幅下跌。可是，当市场走向熊市的尾声时，各类利空消息对股市的影响明显减弱，有时股市也会下跌，但更多的是横向移动。其实，这主要源于股市指数之前的下跌已经提前消化了这些利空。在市场开始对利空免疫时，股市指数会呈现横向移动的态势，也就是我们将讲到的“线态窄幅盘整”。一旦指数突破这一调整区间，往往就是牛市启动之时。

如图 4-3 所示，上证指数自 2009 年开启了一波漫长的牛市。指数在震荡下行过程中不断创新低，特别是各种利空消息出现后，指数总会有一波杀跌过程，而利好消息出现时，反弹却十分有限。不过，从 2014 年 1 月开始，指数对外界的利空消息产生了免疫，即在长达 6 个月的时间里，指数不仅没有创出新低，而且出现了横向震荡走势，这说明熊市即将结束，一旦指数向上突破横向震荡区域，牛市就会到来。

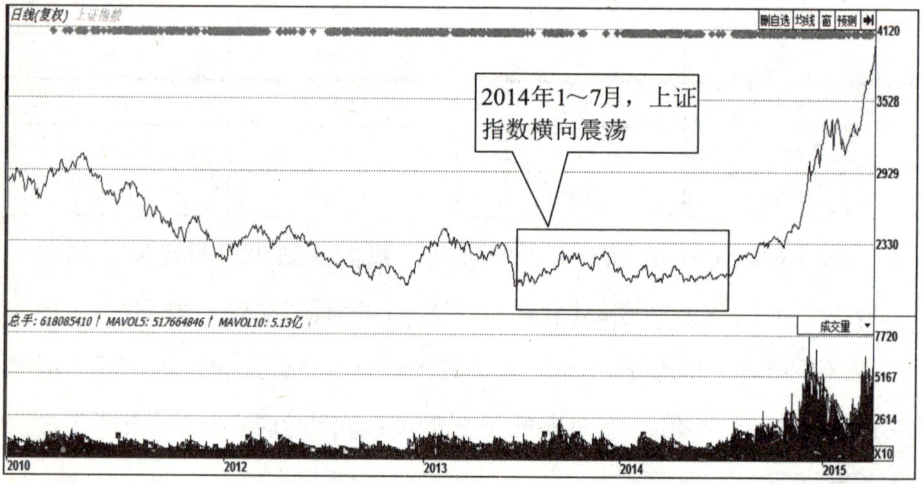

图 4-3 上证指数日收盘价线走势图

其实，在熊市即将结束时，市场不仅对利空消息免疫，对利好消息同样免疫。也就是说，在这一阶段，无论是利空消息还是利好消息都掀不起太大的波澜。市场是在等待更好的时机。

三、牛市的启动与发展

牛市的第一阶段总是会给人一种上涨难以为继的感觉。指数在小幅上攻多日后，几个交易日内出现的回调就可能吞噬大部分涨幅。这时，很多提前离场的投资者会感到些许安慰，毕竟自己离开得早，资金免遭损失，接着，指数或股价还会继续小幅上升，然后再遇大幅回调。历史上的大牛市几乎都是在这种震荡状态下孕育而成的，相反，在初期没有经历大幅回调而产生的牛市，往往上涨幅度和时间都十分有限。

2005~2006 年的上证指数走势如图 4-4 所示，上证指数自 2005 年 7 月 20 日低点启动了一波大牛市。不过，在随后的一年时间里，指数保持了缓慢上升的态势，其回调反而比较强势，特别是 2006 年 6 月 7 日开启的一波回调，直接吞噬了之前一波上升的涨幅。这种走势就属于典型的牛市初期形态，未来股市上升的幅度将逐渐增大。

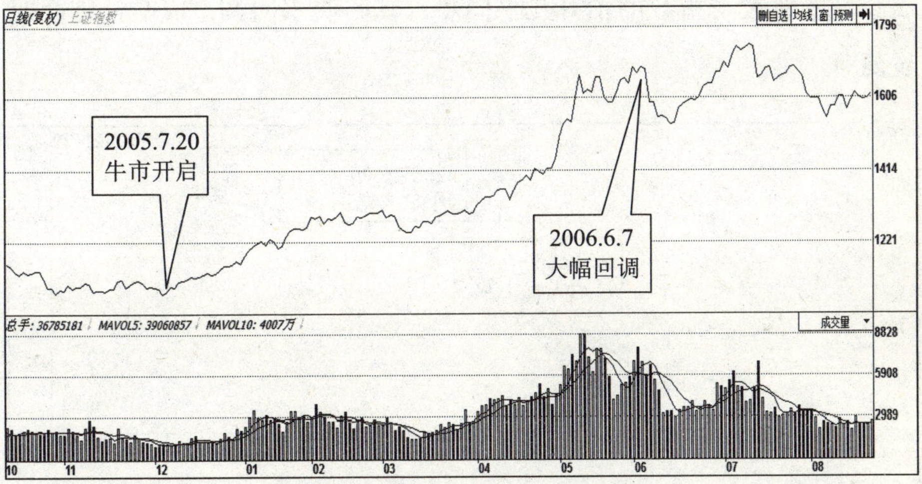

图 4-4　上证指数日收盘价线走势图

通常情况下，牛市初期也是国民经济刚刚出现复苏迹象的时期。很多大型工程可能会在这一阶段上马，因此，各类基建工程、房地产、能源等公司将起到引领大盘上涨的作用。由于之前很多投资者对入市交易缺乏热情，所以在这一阶段股市整体的成交量并不大。随后，当股市上升势头逐渐显露并被确认后，越来越多的资金进入股市，从而引发股市的量价齐升走势，这也就标志着股市进入了第二阶段。

如图 4–5 所示，经过了前期的上涨和调整，牛市格局已经清晰呈现，越来越多的资金入场。在这一阶段，国民经济往往也会呈现欣欣向荣的景象，GDP 连续上升，失业率持续走低。大家应该清楚这样一个事实：股市与国民经济密切相关，当国民经济处于衰退期，股市也不可能出现大牛市。在 2005~2007 年大牛市的第二阶段，即 2006 年 8 月 7 日到 2007 年 5 月 29 日，上证指数从 1 600 点左右直接上攻至 4 300 点附近，涨幅超过 168%。这也印证了这样一个事实，牛市的第二阶段往往是最安全的阶段，也是涨幅最大的阶段。量价齐升是这一波牛市典型的特征。成交量的放大与指数的抬升几乎同步，其间偶尔回调，成交量则会明显萎缩。

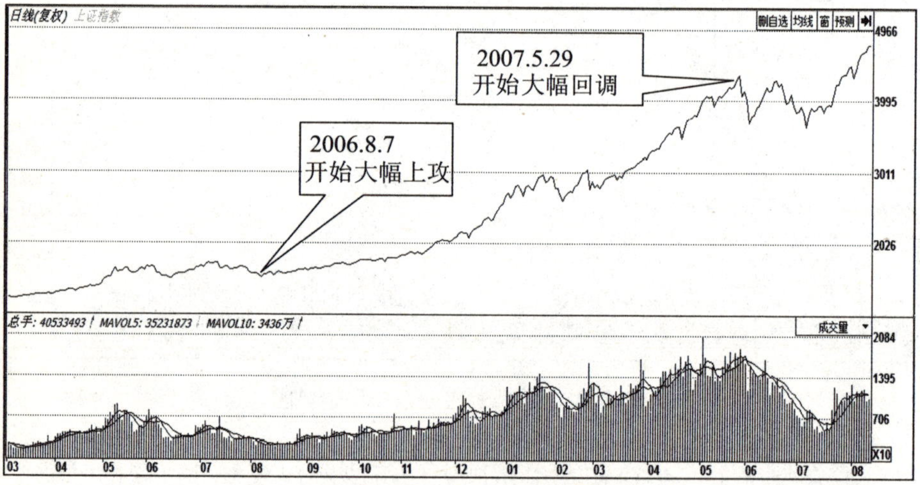

图 4–5 上证指数日收盘价线走势图

在各大板块方面，这一阶段往往会呈现百花齐放的态势，几乎所有板块都有上攻机会，特别是一些低价股翻番，甚至翻若干番也屡见不鲜。不过，大家应该清楚一点，整个市场的指数呈现上攻态势，并不意味着市场里的每只股票每天都会上涨。各个板块的股票会呈现轮动式上攻，今天可能这几个板块上攻，明天可能由另外几个板块带领大盘上涨，而先期的板块可能出现调整走势。也就是说，牛市中也有亏钱的投资者，选准股票、踏准节奏、坚定持有才是盈利的关键。

四、牛市中的次级运动——回调

牛市指股市整体向上的运动。股市上升期间必然伴随着次级运动，也就是通常所说的回调。

牛市中的回调一般具备三个显著特征。

第一，和牛市整体上涨的速度相比，回调时市场下跌的速度更快，也更猛烈。汉密尔顿曾在文章中写道："从研究平均价格指数的长期经验中可以看出，在持续时间超过一年或更长的大牛市中，与偶尔发生的快速回调相比，上涨看起来十分缓慢。同样，在熊市中，反弹自然也很迅速。"

如图 4-6 所示，在 2004~2007 年的大牛市中，上证指数曾出现了几次规模较大的次级运动，即回调走势，其中 2007 年 5 月 29 日到 7 月 5 日是一次次级运动，这次回调大概持续了一个月，指数下跌的幅度和速度远远超过之前的上涨走势。也就是说，在上涨行情中，慢涨快跌是一种常态，也是比较健康的形态，反倒急涨难以持久。

第二，与上涨时的量价齐升相比，次级运动出现时，成交量往往呈现萎缩态势。

如图 4-6 所示，自 2007 年 5 月 29 日次级运动开启后，成交量呈现萎缩态势。其实，这也是一种比较理想的处于回调趋势当中的量价配合关系。

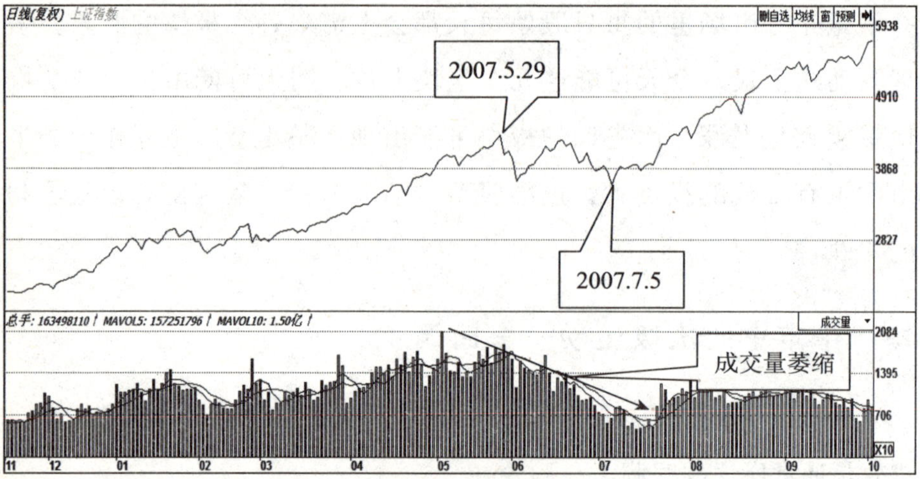

图 4-6 上证指数日收盘价线走势图

第三，通常情况下，指数越趋近于顶部区域，次级运动持续的时间越短。当牛市趋近于顶部位置时，投资者热情高涨，他们会将市场的每次回调当作入场的良机，因而当市场出现一波回调后，就会有很多投资者入场，从而推动市场重新回到上升通道。

五、过头的牛市与量价背离

当牛市进入第三阶段，也就意味着牛市接近尾声。随着牛市的不断深入，市场上做多的声音与情绪同步高涨。当然，投资者也会同步看到国民经济的强劲增长。所有的一切似乎都在说明一个事实：牛市还将继续，未来的涨幅将更大。于是，越来越多的投资者将银行的钱或其他途径借来的钱投入股市。市场上每天都在传唱股神的奇迹。然而，就是在这种全面繁荣的背后，隐患同步而至。汉密尔顿经常在股市达到高点位置时提醒他的读者："树是不会长到与天齐高的。"因此，大家需要清楚三个事实。

其一，股市的上升需要更多的资金，涨幅越大、市值越高，需要的资金越多，然而随着股价走高，新入场的资金迟早有中断的时候。

其二，国民经济的增长有其规律性与周期性，不可能永远保持强劲势头，也必然需要调整。汉密尔顿曾经在1909年美国股市到达高点前几天呼吁：“大家永远都不要忘记无论国家经济多么繁荣，价格都不可能一直上涨。价格至少在一定程度上已经膨胀，当顶部过于沉重而崩溃的时候，市场就会无可避免地出现一些不寻常的反应。”

其三，在这一阶段，股票价格会远远高于股票的内在价值，而这种状态势必不会长久。1929年春，牛市最后一次上攻之前，汉密尔顿警告：“投资者应该问问自己，股票是不是应该在高于其内在价值时卖出？人们是不是应该在期望中购买股票，而且这种期望会持续足够长的时间让心与钱包都大受伤害？”

不可否认，牛市的第三阶段往往也是短期内上涨幅度最大、投资者获利更丰厚的阶段。如图4–7所示，上证指数自2007年7月5日开启了牛市的第三阶段。指数在这一阶段再度大幅上攻，而且比第二阶段的上攻更猛烈。巨大的赚钱效应驱动更多的散户入市，然而危机随之而来。细心的投资者会发现，尽管指数不断创新高，但成交量难以形成新的高点，也就是说，股价（指数）与成交量的背离是这一阶段的显著特征。如图4–7所示，上证指数在2007年10月已刷新5月创出的高点，而成交量却远远低于5月，这说明指数与成交量存在明显的背离，未来指数结束上攻的可能性极大。

其实，第三阶段成交量的持续萎缩还说明有一些先知先觉的资金流出股市，主力资金面对超高的价格也不愿意再入场，于是下跌不可避免。

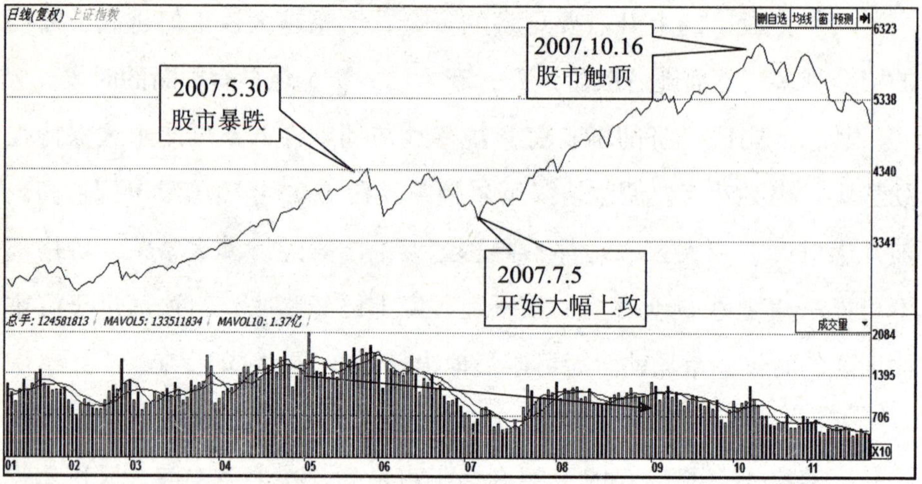

图 4-7 上证指数日收盘价线走势图

第二节 熊市运动

熊市指股市整体走势向下的运动。道氏理论认为，熊市的时间要短于牛市。汉密尔顿曾经说：“从过去 25 年来看，牛市平均持续的时间为 25 个月，熊市平均持续的时间为 17 个月，换言之，熊市的平均时间长度为牛市的 70%。”不过，我们需要清楚一点，我国股市与美国股市有很大的区别，而且从历史数据来看，我国股市的牛市短于熊市，也就是说，熊市持续的时间更长。这主要是由于我国股市还不完善，投资者对投资缺乏必要的知识和心理准备。当牛市来临，投资者会不顾一切地冲入市场，导致股市在短期内透支了未来几年的涨幅，其后，漫长熊市的出现更多的是为了消化这一过激行为所造成的影响。

一、熊市的三个典型阶段

通常情况下，熊市从形成到发展最后到逐渐衰退大致经历三个比较显著的阶段：第一阶段，希望破灭阶段，很多将本次下跌看作回调的投资者的愿望会随着市场的走低逐渐破灭；第二阶段，随着经济形势的恶化，市场上大部分股票的价格逐渐走低，熊市处于持续发展阶段；第三阶段，随着绩优股、白马股纷纷补跌，投资者在市场中看不到希望，纷纷卖出手中的股票，不过市场新的上涨希望也在此期间孕育。

如图 4–8 所示，可以看出熊市在各个阶段呈现的特征。

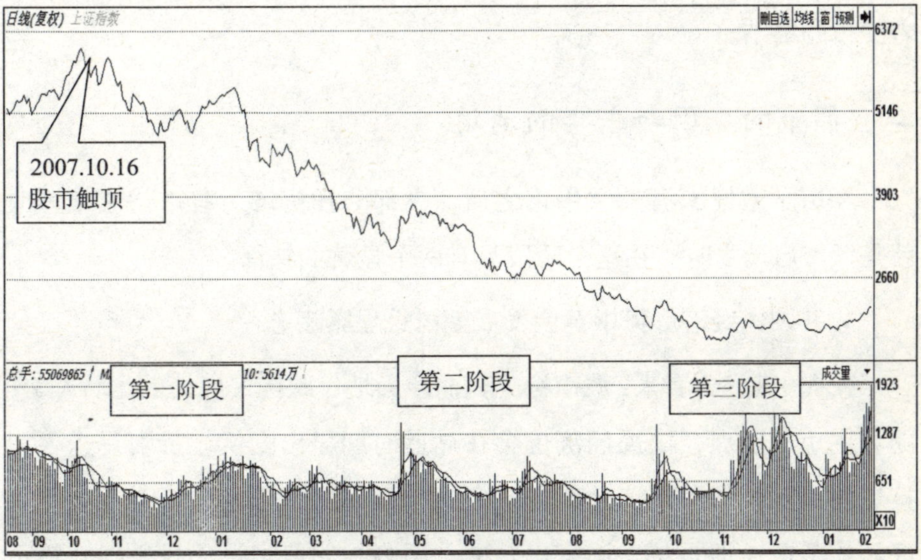

图 4–8 上证指数日收盘价线走势图

第一阶段，上证指数的下跌与反弹同步出现，而且反弹次数较多。这种走势很容易给人一种牛市将重现的感觉。由于之前经历了激烈的牛市，很多股票价格已经远远高于其真实的内在价格，这就为后面的股价下跌提供了一定的空间。不过，由于投资者刚刚经历了激情澎湃的牛市，稍有反弹就会怀疑熊市能否到来，这也使得在这一阶段回调较多。整个股市就是在这种充满疑虑与恐慌中走向下跌。主力也会借此机会出清手中剩余的股票。

第二阶段是整个熊市中最重要的下跌阶段，通常持续时间最长、跌幅最大。这一阶段往往也是国民经济下行的阶段。大多数投资者认可股市将会继续下跌，所以整个市场呈现一片衰败的景象。

第三阶段是熊市的尾声，也是很多绩优股最后补跌的阶段。通常情况下，在很短的时间内，股市会有相当大的跌幅。但是由于股市的持续下跌需要越来越多的卖盘支撑，当卖盘无法继续增加时，也标志着熊市的终结。

二、熊市的成因与牛市的消退

经历了激情澎湃的大牛市之后，大部分投资者对股市信心倍增时就是熊市启动之时。在这个阶段具有两个显著的特征。

1. 在国民经济形势中黄金发展期已经显露疲态

在查尔斯·道看来，股市会完整而全面地反映国民经济的运行态势。随着牛市的发展，国民经济也会在鼎盛时期显出隐忧，特别是当牛市接近尾声时，国民经济的消极迹象就会显现，尽管这时可能还没有彻底转坏。在A股市场，国家出台的一系列控制股市过度投机的政策也可能让投资者预感到国民经济的转向，进而催生熊市。

例如，2007年国家开始采取措施抑制股市的过度投机行为，接连调高商业银行的存款准备金率和商业贷款利率，大小非解禁潮的到来以及新股发行的增速，与全球金融危机共同作用，引发了一波熊市行情。

如图4-9所示，上证指数自2007年5月30日大幅暴跌后，重新启动了一波上攻走势。前文介绍过，最后一波上攻行情由于缺少资金增量的支持而很快转入下跌走势。但在最后一波上攻过程中，由于股价已经到达较高的位置，再加上先后出台的多项抑制投机的政策，于是很多先知先觉的资金陆续撤出股市。很多主力机构为了确保顺利抛售，刻意营造股市大涨的氛围，于是在牛市的尾声就会出现这样一种景象：一方面，股市的上涨还在继续；另一方面，大量筹码由主力机构转移至普通散户手中。当主力出货基本完成时，也就意味着牛市彻底终结，随后一波下跌行情开启。

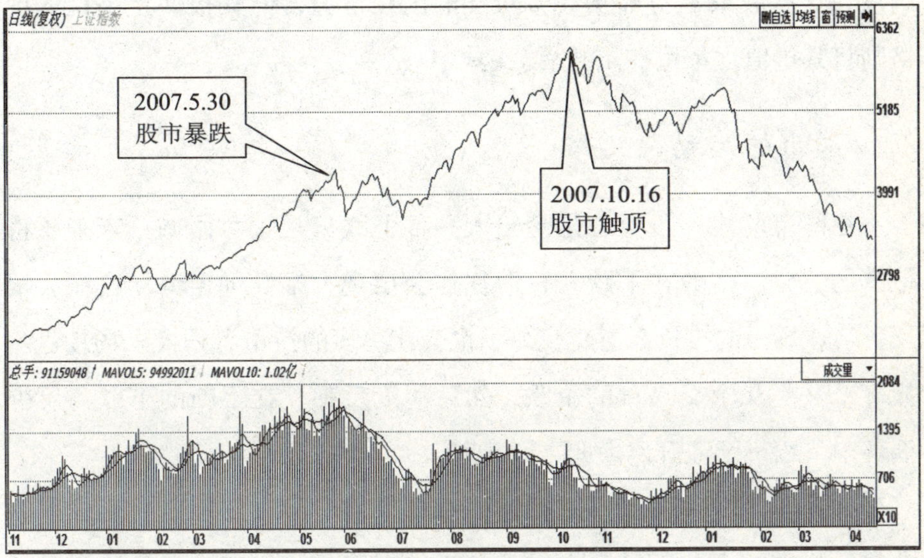

图 4–9 上证指数日收盘价线走势图

其实，国家连续收紧银根、不断提高存款利率时，就说明经济存在过热的倾向，未来的调整已经不可避免。此时，股市的上涨也就成了强弩之末。

2. 股票价格远远高于内在价值

经过了一轮大牛市，大多数股票的价格都在不断创新高，股票价格大幅高于其内在价值。特别是当牛市进入下半程后，大多数绩优股的股价已经处于高位，很多投资者会将目光转向低价股。当然，低价股之所以价低，肯定有其自身的原因。但此时很多资金苦于没有操作标的，导致低价股也会出现一波又一波的炒作高潮。当低价股、垃圾股的股价都被炒到较高价位时，也就意味着股市到了该下跌的时候。

回顾历史上的每一轮大牛市，都会显现一些超级牛股，这些牛股可能是由于特殊的题材、较佳的业绩而被资本市场视为牛市的标杆。当然，这些股票本身确实具备较佳的内在价值，但其被炒至高位的价格则将其价值远远甩在了身后。

三、熊市的启动与延续

在熊市的第一阶段总是会给人一种下跌只是短暂回调、未来还将上涨的感觉。指数在下跌几日后往往会出现大幅反弹走势，这些大幅反弹会让场内的投资者感觉良好，也会让更多的持币者积极入场接盘。接着，又是几个交易日的杀跌，然后再度反弹。在不断的下跌与反弹循环中，股市已经开启大幅下跌走势。

如图 4-10 所示，上证指数在 2007 年 10 月 16 日触顶后形成下跌走势。指数在震荡下跌几个交易日后出现了一波幅度较大的反弹，并于 2008 年 1 月 14 日形成了一个反弹高点，其后，指数再次下跌。投资者观察可知，该高点要低于 2007 年 10 月 16 日的高点，这就意味着指数运行的趋势即将发生改变。其后，2008 年 1 月 21 日，指数跌破了前期回调的低点，这说明指数已经进入下跌通道，牛市结束、熊市来临的可能性较大。在熊市的第一阶段，很多投资者还会按照之前的牛市次级运动处理，他们仍在期待强势上攻，熊市中的反弹无疑可以满足他们的心理。在熊市初期，股市的反弹力道非常强，令人根本感受不到任何熊市来临的气息，可正当投资者畅想未来时，反向杀跌同步而至，且持续的时间更长。通常情况下，主力资金在高位经常通过这种力度很强的反弹吸引接盘者入场，而后再反向快速下跌，将投资者套在高位。

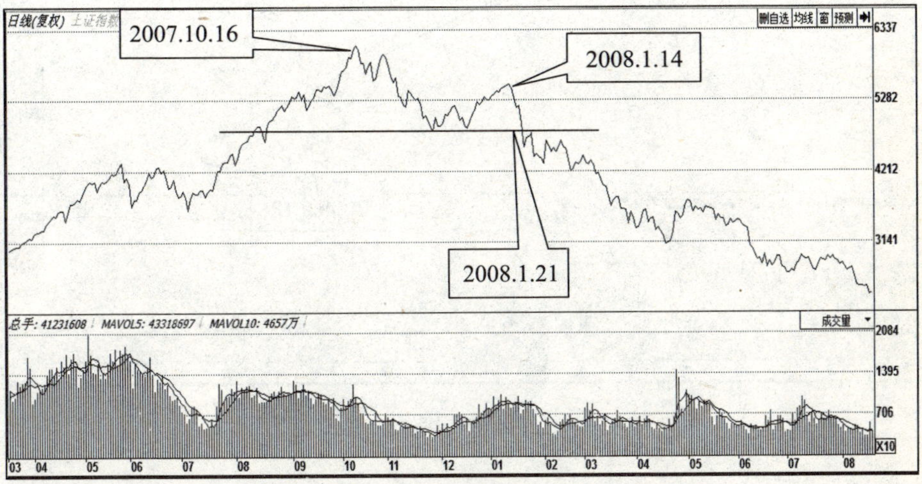

图 4–10　上证指数日收盘价线走势图

当主力资金出货任务接近完成时，股市就会出现单边下跌的走势，这是熊市中最黑暗的日子。如图 4–11 所示，上证指数自 2008 年 1 月 14 日反攻无果后，开启了漫长的熊市。这波熊市和之前的熊市有一个显著的区别，股市在下跌过程中很少出现规模较大的反弹，每次反弹的力度都很小。这说明市场上的投资者已经渐渐放弃市场将会重新转向牛市的想法，开始确认熊市，同时，越来越多的人选择止损。从国民经济的角度来看待这一阶段，我们可以发现，通常这一阶段多是国民经济衰退最严重的阶段。上市公司的效益锐减，大股东减持频发。

这是一个各大板块同步下跌的阶段，也是一个考验绩优股成色的阶段。很多绩优股会在这一阶段与大盘走出完全不同的走势，它们在股市大跌时小幅下跌或者不跌，在股市小幅企稳时大幅上攻。

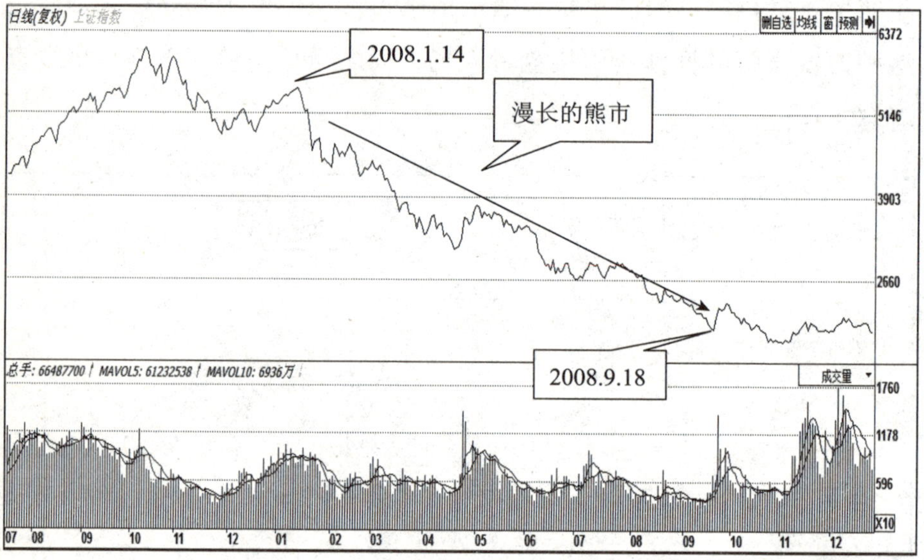

图 4–11 上证指数日收盘价线走势图

如图 4–12 所示，双鹭药业（002038）的股价在股市大盘反弹时出现了一波快速拉升行情。2008 年 1 月中旬，股市反弹结束再次下跌时，双鹭药业的股价在高位盘整。其后，随着股市的逐级下跌，双鹭药业的股价同步下跌。不过，当股市整体指数小幅反弹时，双鹭药业的股价大幅上涨；当股市指数大幅下跌时，该股小幅下跌。最后，当股市指数下跌较大幅度时，双鹭药业的股价在整体上仍维持了震荡盘整走势。相对于大盘指数，该股的走势极为强势。这样的股票很容易成为下一波走势的领涨股。

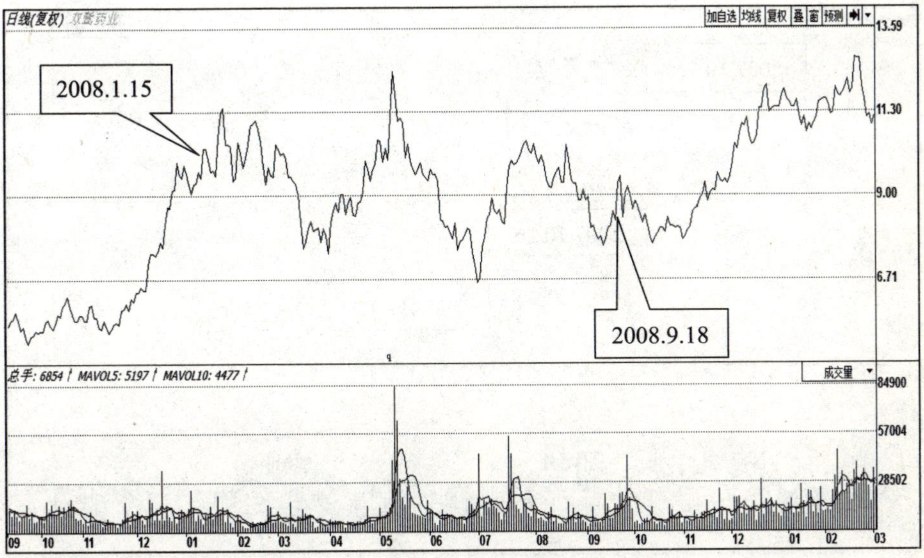

图 4-12 双鹭药业日收盘价线走势图

四、熊市中的次级运动——反弹

股市下跌期间必然伴随着不断的次级运动，也就是通常所说的反弹。

熊市中的反弹一般具有三个显著的特征。

第一，在熊市中，次级反弹的攻势凌厉，甚至当投资者还没有反应过来时，反弹已经结束。汉密尔顿在介绍道氏理论的文章中就曾提到，熊市中的次级反弹通常十分突然且速度极快，特别是在恐慌性下跌后，这样的反弹会变得更加显著。

如图 4-13 所示，上证指数在 2007 年 10 月 16 日触顶后下跌。不过，在指数下跌几个交易日后，指数在 10 月 26 日突然反抽，反抽只持续了四个交易日就宣告结束。此后，指数再度下跌，并于 12 月 19 日再度启动次级反弹。反弹攻势依旧凶猛，给人一种指数将重新回归上升通道的感觉，但数个交易日后又开始了下跌之路。

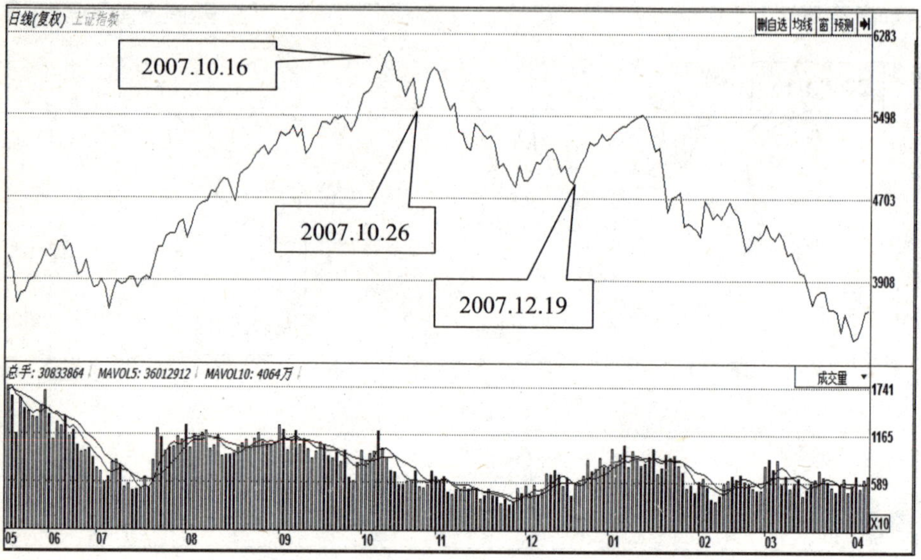

图 4-13 上证指数日收盘价线走势图

反弹凶猛是熊市开始阶段的主要特征。这源于市场上仍有部分资金坚信下跌只是短暂的回调，未来还将上攻，当指数反弹时，便积极入场。当然，也有部分资金趁此机会将手中剩余的筹码抛出，因而，指数上升几个交易日后因抛盘过多而重新开启下跌走势。

第二，当指数或股价下跌幅度过大时，会有一些机构出于自救考虑入场强制性拉升指数或股价，从而引发市场短线的强势反弹，但当股市反弹后，他们又会迅速抽逃资金，以免被深套其中。其实，这也是熊市反弹很难持久的原因。

第三，指数或股价经过长时间的下跌，投资者已经认可下跌趋势，其后，若指数或股价出现反弹，则反弹的力度会小很多。这主要源于主力资金已经撤出，普通投资者对股市兴趣平平，整个市场不能有效地形成赚钱效应。当指数或股价小幅上涨时，缺少跟风追涨者。其实，这也是股市见底的先兆。也就是说，在这个时候有意割肉抛出的投资者已经离场，剩下的投资者多数属于坚定的持股者。此时，主力再向下打压股价或指数的意义不大，未来股市转向上攻的可能性比较大。当然，股市何时启动还要考虑国民经济整体的运行情况以及资金面的情况等。

五、末期的熊市与量价背离

当熊市进入第三阶段，也就意味着熊市接近尾声。由于我国股市缺少做空机制（至于融资融券，目前还是少数人的游戏），随着股市不断下跌，普通投资者对股市失去兴趣，市场上的交易随之转向清淡。所有的一切似乎都在说明这样一个事实：熊市还将继续，未来的跌幅将更大。与此同时，国民经济的运行情况似乎也在印证股市还将继续下跌的判断，社会整体经济形势不见好转。这时，大家需要清楚以下事实。

首先，从以往的历史经验看，速度越快的下跌中越容易出现大规模反弹。相反，一些缓慢的小跌持续的时间可能更长。例如，2009 年股市反弹后形成的一波缓慢下跌持续了五年。

其次，国民经济的增长有其规律性和周期性，只要国家的基本面没有改变，无论什么样的经济危机，总有结束的时候。同时，回顾前文讲述的，股市就是经济晴雨表，而且它与经济周期的运行并不同步。股市的拐点总是在经济的拐点之前出现。换句话说，国民经济最坏阶段过去的时候，股市可能已经率先感受到了经济的积极方面，并开启了牛市。因此，投资者不能简单地按照当前国民经济情况分析和预测股市的走势，而应该站在未来的角度看待股市。

再次，在这一阶段，股票价格远远低于股票的内在价值，而这种状态势必不会长久，特别是在熊市的第三阶段，很多绩优股也会出现补跌走势。之前在整个股市下跌时，这些绩优股往往表现得十分坚挺，但当股市进入熊市末期，它们多会出现补跌走势。当然，这些股票的补跌行情结束之后，一般就是牛市的起点。如图 4–14 所示，上证指数在经过了漫长的熊市之后，2013 年 12 月 9 日开始了最后一波筑底走势。上证指数在 2014 年上半年一直在底部区域盘整，其成交量却相比之前有所回升，这说明已经有资金入场抄底。

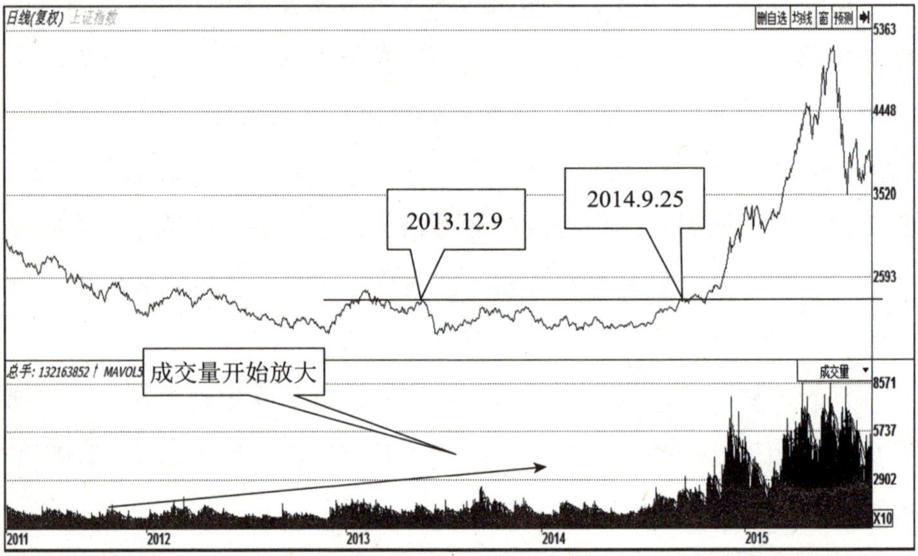

图 4–14 上证指数日收盘价线走势图

如图 4–15 所示，双鹭药业的股价在 2014 年之前大盘下跌过程中一直表现得非常抗跌。前面也介绍过，随着大盘的持续走低，该股股价一直在高位震荡盘整。进入 2014 年后，上证指数在底部盘整时，该股股价却大幅下跌。在熊市的尾声，绩优股下跌的原因不尽相同，如业绩不振、负面消息，甚至是一些捕风捉影的传闻，等等。总之，无论是什么消息，这些股价坚挺了很久的绩优股都在短期内大幅下跌，说明熊市距离结束已经不远。

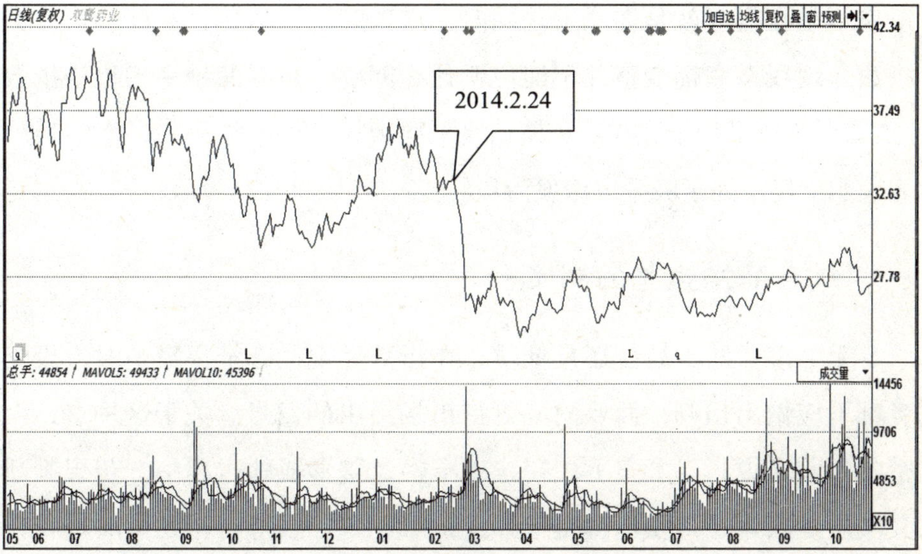

图 4-15 双鹭药业日收盘价线走势图

最后，底部的量价背离也是这一阶段的显著特点。前文讲过，当熊市进入尾声时，会有一些先知先觉的资金入场建仓，相应地体现在成交量方面，尽管这时股价或指数可能还在继续走低。如图 4-14 所示，在股市筑底过程中，成交量就明显放大，这就属于典型的量价底背离。

当然，量价背离并不意味着股市马上会启动反弹或牛市即刻出现，该信号只是说明熊市不会长久，牛市已经不远。

第三节 线态窄幅盘整：吸筹与派发

线态窄幅盘整指一个价格运动持续两三周，甚至更长的时间。在此期间，股市的平均价格指数的价格波动大约在 5% 的范围内。以上是道氏理论关于线态窄幅盘整的定义。线态窄幅盘整形态的出现，说明市场不是在吸筹就是在派发。同时，道氏理论也强调，一种平均价格指数呈现线态窄幅盘整并不能说明什么问题，只有两种平均价格指数（道琼斯工业平均指数和道琼斯铁路平均指数）同时出现线态窄幅盘整，才表明市场正处于吸筹或派发阶段。

一、线态窄幅盘整的判定

无论市场处于高位还是低位，在指数呈现线态窄幅盘整时，投资者都不应做出预判，而要耐心等待市场给出的信号。关于这一点，汉密尔顿曾经说："事实上，在线态窄幅盘整形成的过程中，若想判断其实质是买入还是卖出，是世界上最难的事。吸筹与派发同时进行，没人能判断哪个方面最终影响更大。"

线态窄幅盘整可能是牛市的次级回调反应，也可能属于主要的下跌运动。这与其持续的时间长短有关。通常情况下，如果出现线态窄幅盘整，就意味着股市正在重新选择突破的方向，至于其未来会向上突破还是向下突破则较难判断。不过，在这里还需要明确一点：何种情形的股市运行才能被定性为线态窄幅盘整？通常情况下，根据道氏理论的标准，它至少需要满足四点。

第一，线态窄幅盘整持续的时间至少要在两周以上。持续时间过短，无法定性为线态窄幅盘整。

第二，波动的幅度不能过大，道氏理论中给定的标准是 5% 左右。其实，这也与股市整体的指数值以及历史波动情况有关。在股市整体点数相对较低时期或者股市相对还不够成熟的市场，波动幅度标准可以扩大一些。

第三，两种平均价格指数必须互相印证。道氏理论是基于道琼斯工业平均指数和道琼斯铁路平均指数获得的，因而验证线态窄幅盘整行情也需要两种指数同步走出线态窄幅盘整形态。当然，A 股市场没有这两种指数相印证，投资者可以考虑使用上证指数和深证成指进行印证。

第四，市场处于线态窄幅盘整形态期间，成交量一般会呈现萎缩态势。当成交量重新开始放大的时候，就是市场重新选定方向之时。

下面看一下上证指数和深证成指 2014 年 4~7 月的走势情况。

如图 4-16 所示，上证指数自 2014 年 4 月到 2014 年 7 月走出了明显的线态窄幅盘整形态。其间，最高点出现在 2014 年 6 月 16 日，收盘于 2085.98 点；最低点出现在 2014 年 4 月 28 日，收盘于 2003.49 点。上证指数在三个多月的时间里波动幅度不超过 5%，完全符合道氏理论的要求。

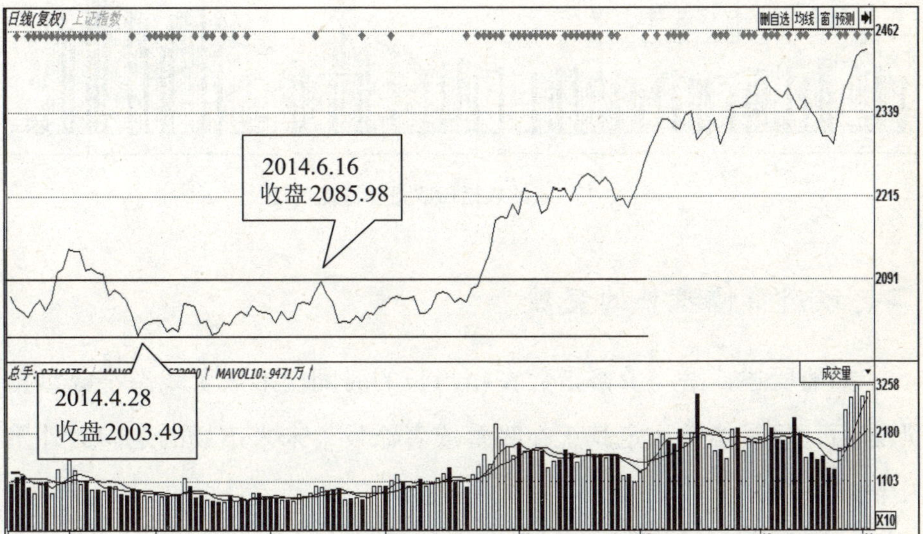

图 4-16　上证指数日收盘价线走势图

对比图 4-16 和图 4-17 可知，上证指数与深证成指的走势基本吻合，但最低点出现的时间有所不同。深证成指在 2014 年 5 月 19 日创出最低值 7151.49 点，在 2014 年 6 月 16 日创出阶段高点 7416.99 点。

深证成指整体波动幅度也不超过5%。基于以上分析可知，此阶段为股市的线态窄幅盘整阶段。一旦股市突破盘整区域，则意味着新的行情将会展开。

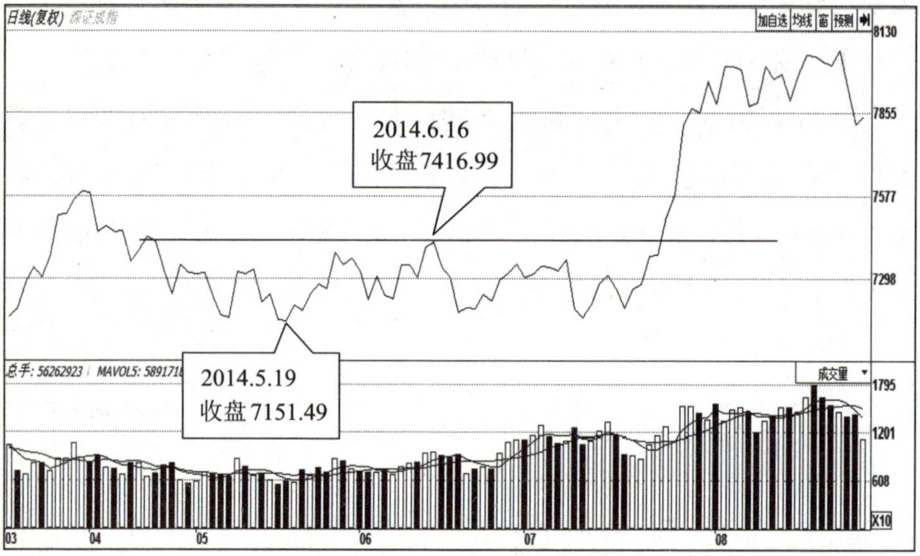

图 4-17 深证成指日收盘价线走势图

二、线态窄幅盘整的突破

如前所述，平均价格指数在相当长的时间内形成了线态窄幅盘整形态后，只是能够认定其正在吸筹或者派发，未来市场的走向无外乎上涨或下跌。

1. 向上突破

当市场走出线态窄幅盘整形态较长时间后，成交量开始放大，指数或股价向上突破盘整区域，则意味着股市向上的可能性较大。如图4–16和图4–17所示，上证指数和深证成指就是在盘整几个月后重新向上突破的，在指数突破盘整区域之前，成交量已经明显放大。基于以上分析，我们可以确定，市场向上突破并走出牛市的可能性极大。

2. 向下突破

汉密尔顿在《股市晴雨表》中写道：平均价格指数向下跌破窄幅盘整区域，明显表明股票市场已经达到气象学家所说的临界状态。随之产生的下跌行情可能是牛市的次级回调反应，或者主要下跌运动的开始。

如图 4-18 所示，上证指数自 2015 年 11 月到 2015 年 12 月底走出了线态窄幅盘整形态。其间，最高点出现在 2015 年 12 月 22 日，收盘于 3651.77 点；最低点出现在 2015 年 12 月 11 日，收盘于 3434.58 点。上证指数在两个多月里波动幅度不超过 5%，完全符合道氏理论的要求。

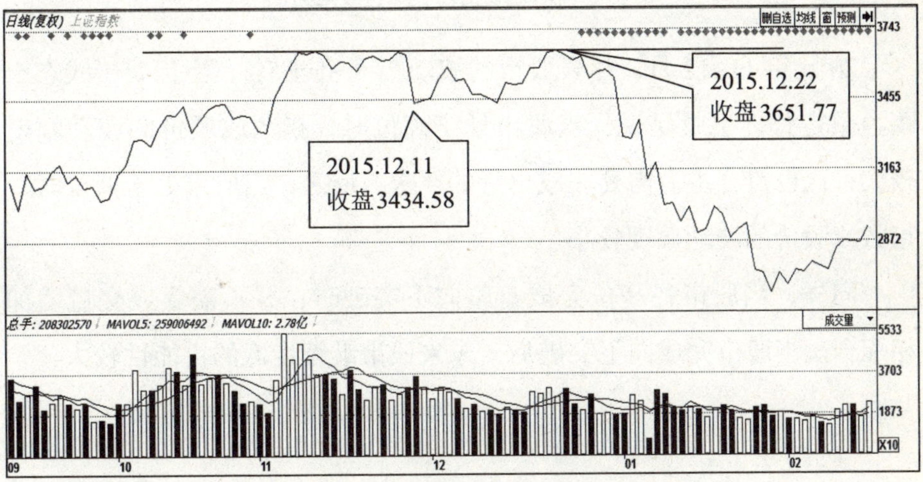

图 4-18 上证指数日收盘价线走势图

对比图 4-18 和图 4-19 可知，上证指数与深证成指的走势基本吻合，但最低点出现的时间有所不同。深证成指在 2015 年 11 月 27 日创出最低值 11961.70 点，在 2015 年 12 月 22 日创出阶段高点 13139.13 点。

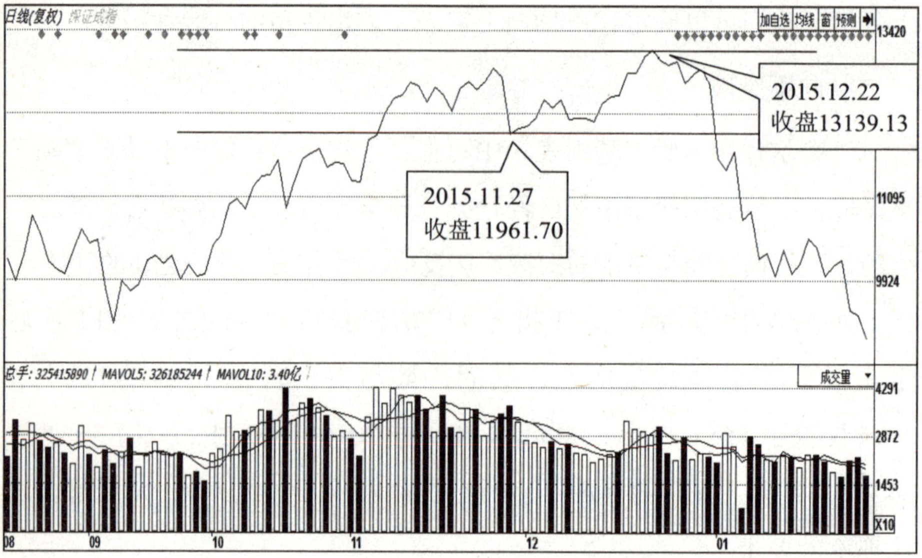

图 4-19 深证成指日收盘价线走势图

2015 年 11~12 月，尽管股市的波动幅度超过 5%，但仍属于线态窄幅盘整走势。也就是说，当股市处于高位时，指数或股价的波动幅度较大，这也符合主力需要完成出货的要求；反之，当股市处于低位时，指数或股价的波动幅度较小。

同样，当股市在高位完成盘整向下突破时，并不需要成交量增加相配合。当股市完成向下突破后，未来股市继续走低的可能性较大。

第五章
趋势确认的关键——成交量

成交量与股价的关系早已被广大投资者认可，但在道氏理论初创时期，成交量的重要性还没有被发现。即使道氏理论的发明人查尔斯·道和汉密尔顿，他们对成交量的看法也是互相矛盾的。有时，他们在文章中强调，平均价格指数会反映一切，成交量的信息自然也被包含在平均价格指数中，不过他们可能在其他文章中也列举了成交量对平均价格指数所反映趋势的印证。例如，汉密尔顿曾在其他文章中写道："交易量提供的信息可以解决我们很多困惑。”大家应该理解查尔斯·道和汉密尔顿等人针对成交量与股价关系的观点，毕竟在那个年代想要准确、全面地了解成交量信息并不现实，他们所能掌握的远远不及今日普通投资者所获得的各种即时交易数据，因而他们持有的对成交量相矛盾的观点也就不足为奇了。

尽管如此，我们还是能够从他们的文章中找出一些关于成交量与股价关系的论述。这些论述对研判股市运行趋势有着重要的价值。

第一节　成交量与股价的基本配合形态

成交量与股价的上涨或下跌始终存在某种配合与协调关系，是一种广泛的共识。汉密尔顿有一个著名的关于成交量与股价关系的比喻，也是他喜欢使用的解释方式：“经济轮船的最大行驶能力，就好比对一艘2 000吨的蒸汽船来讲，日消耗量100吨煤，也许能以12节的速度行驶，要达到13节的速度，一日煤消耗量要130吨，而要达到15节速度的力量， 就可能要200吨煤。……也许就像自然规律一样，当市场的‘经济轮船的最大行驶能力’已经达到时，要在速度上增一点点，至少要操作的机械师们消耗大量的燃料。”其实，股市中也有类似的比喻：“股市就如同一辆行驶的汽车。汽车要上坡时必然加大油门，而且要想更快地上坡，需要给更多的油；反之，汽车开始下坡时，可能只需给一点儿油，车就会跑得很快。”事实上，后面一个比喻形容A股市场更贴切，因为A股是无法做空的。投资者要想从股市中获利，就必须依赖股价的上涨。

一、股市上涨与成交量的关系

牛市中，股价或指数处于升势时，成交量通常会呈放大态势，其间，若股价或指数回调，则成交量萎缩。汉密尔顿曾这样建议：“在上涨过程中，股票似乎被大量分配出去，但是股市的技术走势显示，这类股票已经被很好地吸收了。市场在小幅回调中变得沉闷，在任何重新开始的上升中变得活跃。任何一位专业人士都知道，这就是买方力量依旧强大的证明。”换句话说，在上涨趋势中，市场上的投资者都会继续看涨股市，因而纷纷买入，从而推动股市量价齐升；当市场出现次级运动，即回调动作时，由于市场上的投资者仍然坚信股市还将上攻，所以不会选择在此时卖出股票，这就使得这一时段的成交量相对萎缩；其后，市场一旦重新开始上行，成交量又会随之放大。其实，这也是一种非常健康的量价关系形态。

如图 5-1 所示，上证指数从 2014 年下半年开始启动了一波上升走势。股市不断上攻的过程中，成交量同步放大，这说明成交量与指数配合得非常好，未来还将走高。其间，指数出现了几次次级运动，即回调走势。指数在回调时，投资者认定股市还将继续走高，因而不愿意抛出手中的股票，使得成交量萎缩。其后，当指数重新上升时，成交量又开始放大，这也是非常健康的量价关系。

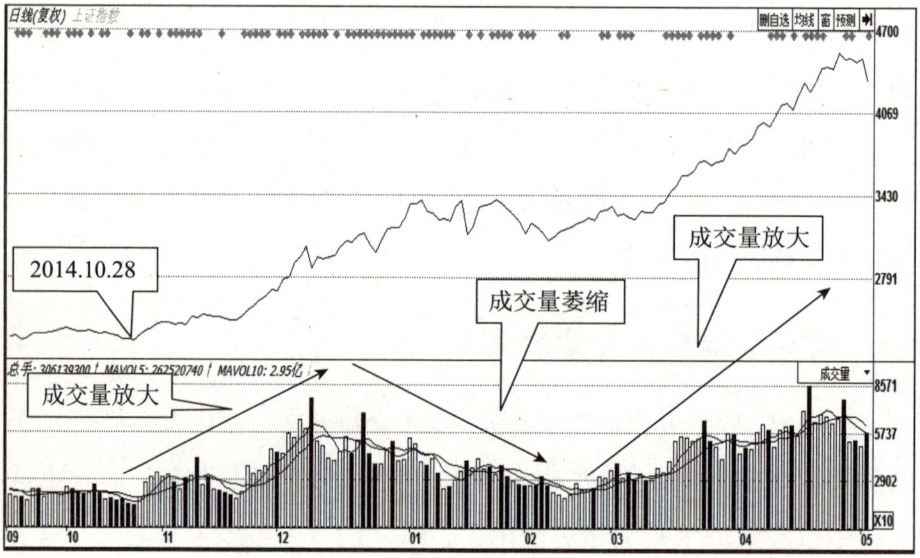

图 5-1 上证指数日收盘价线走势图

二、股市下跌与成交量的关系

汉密尔顿曾在一次大跌之前的文章中写道："回调时的交易显示出停止的趋势，而且市场只在下跌的时候变得活跃。对专业人士来说，这是熊市继续的明确指示。"也就是说，按照汉密尔顿的说法，在熊市中，市场出现次级运动，即反弹时，若成交量并未明显放大，而回归下跌后反倒交易更加活跃，成交量放大的迹象说明未来还将延续下跌走势。

但是，A股市场缺乏做空机制，所以开启熊市后，成交量会随着熊市的深入而逐渐走低。当然，熊市刚刚启动时，股价或指数全部处于顶部区域，这时，当股价或指数下跌时，成交量也可能呈现一定的放大态势。还有一点前文介绍过，股价下跌时，其实并不需要成交量的放大相配合，但若股价下跌时，成交量形成放大态势，则未来继续走低的概率很大。

如图5-2所示，上证指数在2007年10月中旬触顶后回调。指数在回调过程中若干次放量，且当指数反弹向上时，成交量并未明显放大，这并不是良好的量价形态。按照汉密尔顿所讲述的道氏理论，未来指数下跌的可能性较大。

不过，指数在下跌过程中的成交量形态与汉密尔顿所讲述的有所不同，市场并未出现明显的放量，而且随着熊市的深入，成交量呈现了逐级萎缩的态势。其实，这也是A股市场与美国股市的区别所在。在熊市中，普通投资者无法通过做空挣钱，因而只能持空仓观望的态度，这也就形成了下跌趋势中成交量萎缩的状态。

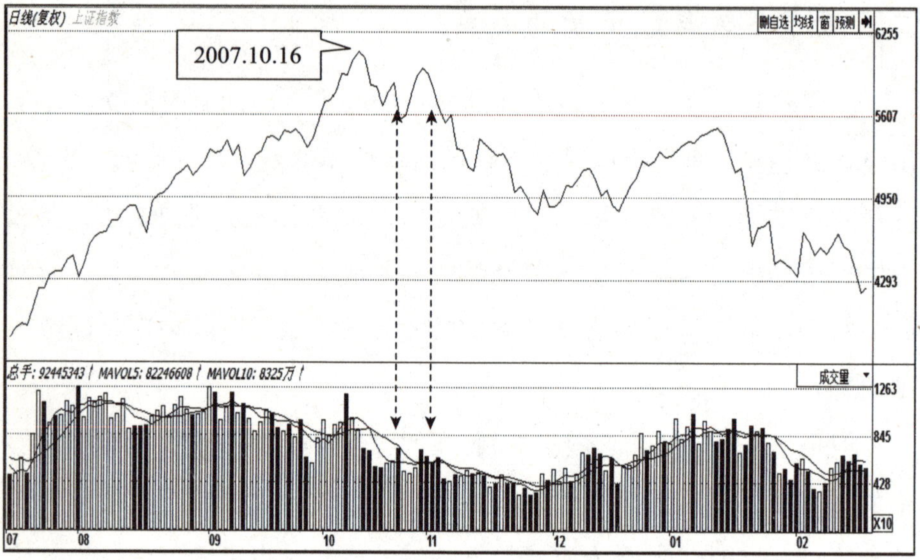

图 5-2 上证指数日收盘价线走势图

第二节 趋势转变与成交量变化

道氏理论反复提及成交量在股市运行趋势转变方面的重要性。汉密尔顿曾经说："在对价格运动的研究中，市场的惰性与活跃性有相同的价值，并且常常会对未来的重要变化给出一个更加彻底的指示。"这种趋势转变既包括牛市（熊市）切换为熊市（牛市）的转变，也包括牛市或熊市中次级运动的出现，等等。也就是说，当股市的运行状态发生改变时，往往成交量会有一些异常的反应。

一、熊市反弹与成交量

1909 年 9 月，很多人高呼牛市即将到来时，汉密尔顿却认为此时只是市场的次级反弹运动顶部的转折点。当时，平均价格指数并未显现弱势，但是下降的成交量使得汉密尔顿写下这段话："在目前的熊市中，平均价格指数的价格反弹到 8 月 17 日的水平，但是次级反弹或向上波动的动能都已耗尽，市场运动及交易量的力量都已蒸发，我们从此处于毫无希望的市场萧条期。"也就是说，汉密尔顿从交易量的变化中看到了次级运动即将终结，熊市还将延续的信息。熊市中的次级运动（即反弹与趋势反转）在成交量方面有明显的区别：熊市反弹行情的末端，成交量肯定无法持续增加，而牛市中成交量则能够持续放大。

如图 5-3 所示，上证指数自 2015 年 6 月 12 日进入了熊市，股市开始了一波又一波的下跌。其间，股市自 2015 年 7 月中旬启动一波反弹走势。连续的大幅上涨给人一种即将重新回归牛市的感觉，但观察此时的成交量会发现，股市在反弹时的成交量远远低于之前下跌时的成交量，也就是说，当前的成交量并不足以支撑股市的反弹。股市反弹动能不足，必然不会持久，未来股市重新回归熊市的概率极大。其后，股市自 2015 年 7 月 23 日开始了新的一轮下跌。

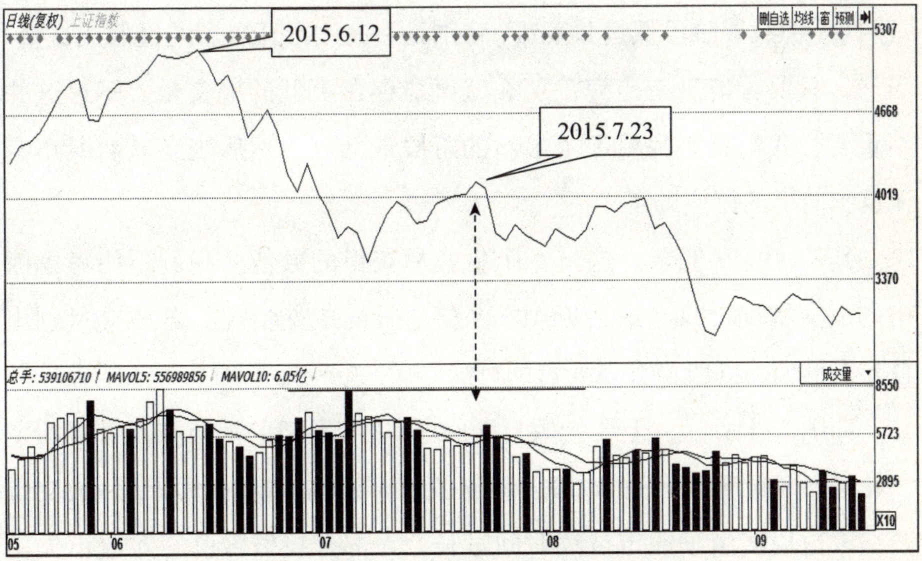

图 5-3 上证指数日收盘价线走势图

二、熊市转牛市与成交量

前文介绍过，股市处于熊市期间，通常并不需要成交量的配合，股市就会延续下跌行情。而且在熊市进程中，由于投资者缺乏交易的热情与意愿，成交量逐级萎缩是一种常态，但这并不意味着成交量会毫无节制地萎缩下去。一般来说，当股市长期处于低位，并且成交量萎缩至很低的水平，意味着新的行情即将开启。

汉密尔顿对此有过这样的论述："如果市场在反弹前的很长一段时间里一直在接近低点处处于沉闷的状态，那么专业交易者会更关注目前的反弹。"至于熊市中成交量到底萎缩至何种水平才算极低值，我们有三个标准作为参考。

其一，历史成交量的最低点。这是一个非常容易获得的数值，现实中却很难找到这样的极限值，毕竟随着股市中资金量的增加以及上市公司的增发，股价每一波成交量的低值都在不断地推升。

其二，阶段成交量的最低点。对投资者而言，找寻历史极低量非常困难，但找寻阶段低量并不难，特别是一波熊市开启后的最低成交量。当然，只要行情没有走完，那么就可能存在更低的成交量。不过这并不重要，我们只要找寻那个最新的阶段最低点，然后观察其后股市有无反弹向上的可能即可。

其三，百日低量。这是一个更容易获得的数值。我们不用考虑熊市的成交情况，只考虑最近 100 个交易日的成交情况。若成交量创出百日最低值，则股市存在变盘的可能。

如图 5–4 所示，上证指数自 2009 年进入漫长的熊市格局，开始了一轮又一轮的下跌。进入 2014 年，股市开始在底部区域震荡，成交量萎缩，这说明由于熊市持续时间过长，大部分投资者已经对股市失去兴趣，入场交易者越来越少。2014年5月20日，成交量创下阶段新低，而此时距离指数从低位反弹才一个交易日。这时，投资者需要密切关注指数后续的量价变动情况，一旦出现量价齐升的情况，则意味着走强的可能性很大。

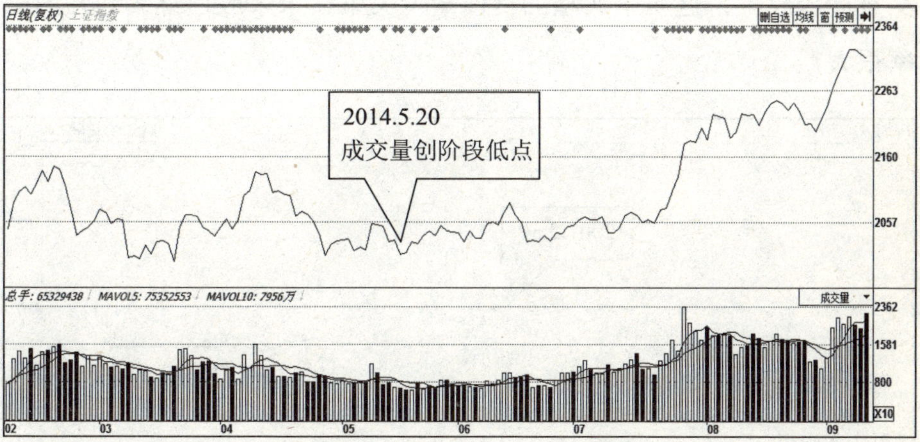

图5-4 上证指数日收盘价线走势图

三、牛市回调与成交量

在关于股市上涨与成交量关系的介绍中，提及了汉密尔顿的观点，即当股市呈上升态势时，成交量随之放大，而回调出现时，成交则会显得特别沉闷。

事实上，我国股市中有一句名言："千金难买牛回头。"也就是说，在上升的牛市中，股价回调是难得一遇的，只要出现回调，即是加仓的良机。因此，在牛市中总会呈现这种景象：回调初期，成交量萎缩，一旦有回调结束的迹象，成交量就会迅速放大。

如图5-5所示，上证指数2005年进入了漫长的牛市，股市开始了一轮又一轮的上涨。2007年5月，出现调整迹象。随后，指数出现了一波次级运动，即回调走势，成交量同步大幅萎缩，这说明大部分投资者不愿意卖出手中的股票。7月20日，指数重新开始上攻，成交量同步大幅放大，这说明此时有大量资金介入股市。观察此前的指数与成交量关系可知，指数下跌，成交量同步萎缩，指数上攻，成交量同步放大，这属于典型的良性量价关系，未来股市继续走强的概率很大。

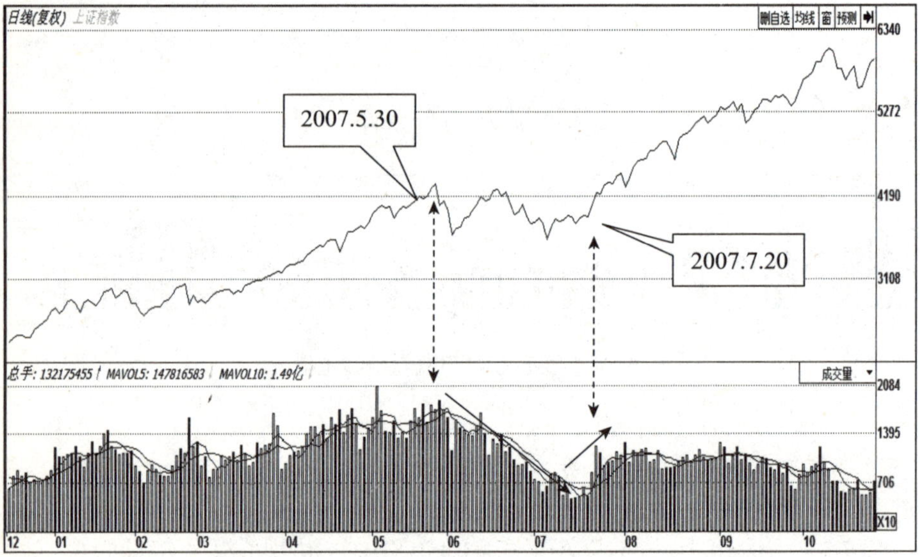

图 5-5 上证指数日收盘价线走势图

四、牛市的终结与成交量

如前所述，汉密尔顿曾多次表示，股市的上涨与成交量有密不可分的关系。例如，他曾在1908年7月21日的一篇社论中表示："这次跨越前期高点在股市的牛市波动中意义重大。还有一点也应该注意，就是市场目前的点位与5月18日的点位比，成交量更加活跃。"这番论述间接说明了一条股市规律：当股市超越前期高点，必然需要成交量同步创出新高。反之，当指数不断创出新高而成交量无法持续放大时，则意味着牛市存在终结的可能。其实，回顾 A 股市场的历次大牛市，也都存在这样一个现象，即在股市创出最高点时，往往成交量并没有同步创出新的高点。这就属于典型的量价背离现象，也就意味着牛市的终结。

如图 5–6 所示，上证指数 2014 年进入了新一轮牛市周期。2015 年 4 月，股市出现调整迹象，但在 4 月 20 日还是创出了上涨以来的最高成交量，其后，随着指数的回调，成交量逐渐萎缩。到了 5 月，指数重新开启上升走势，成交量同步放大。进入 6 月，指数已经超过回调前创下的高点，但成交量迟迟没有创出新高。即使 6 月 8 日的成交量最高点也要低于 4 月 20 日的成交量，这说明股价与成交量之间存在顶背离走势，牛市有终结的可能。

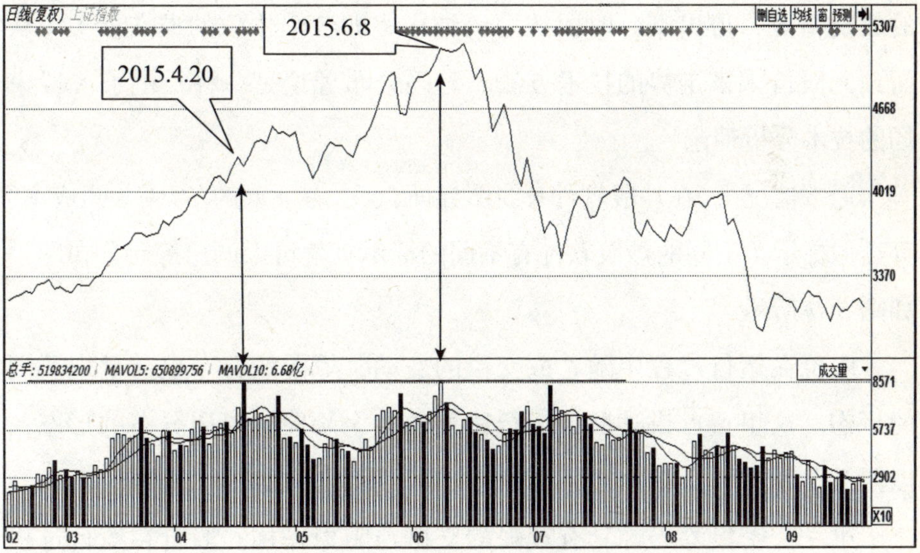

图 5–6 上证指数日收盘价线走势图

第三节 筹码分布技术辅助研判量价关系

通过前面的介绍，投资者可以发现，若是单纯地利用道氏理论识别运行趋势，存在很大的弊端，也就是无法及时发现趋势的转向。我们通过成交量与指数或股价的关系，也只是大致预判股市的运行存在一定的问题，仍不能提早发现趋势可能的变化。为此，我们若在实战中引入筹码分布技术，并将其与道氏理论相结合，则可以提早一步判断股市运行趋势的变化。同时，从本节开始，为了强化道氏理论在实战中的应用，将引入一些个股的案例作为参考。

筹码分布理论指根据筹码流动性的特点，汇总分析标的股或指数的成交情况，得出某一时段的筹码结构（即各个价位的成交量），从而预判股价未来走势的技术方法。筹码分布理论是一种根植于 A 股市场的技术分析理论①。

通常情况下，在炒股软件K线图界面，点击右下方的“筹码”或“成本”等类似标示（不同的炒股软件有不同的标示）就可以调出筹码分布图，如图 5-7 所示。

股价在运行过程中随着成交量的变动，筹码的分布也会呈现不同的形态。这里重点讲述股市运行所处的各个阶段与筹码分布的形态，以便投资者预判股市的走向。筹码分布一般具有五项操作标准。

第一，密集筹码峰具有较强的支撑与阻力作用。股价在运行过程

① 关于筹码分布理论的详细介绍可参见中国宇航出版社2017年1月出版的《筹码分布技术入门与实战精解》一书。——编者注

中必然伴随着成交量的放大与萎缩，而当筹码在某一区域开始密集，并形成显著的筹码峰时，则说明该区域对股价具有较强的支撑与阻力作用。也就是说，当股价位于密集筹码峰下方时，该筹码峰对股价主要起阻力作用，反之则主要起支撑作用。

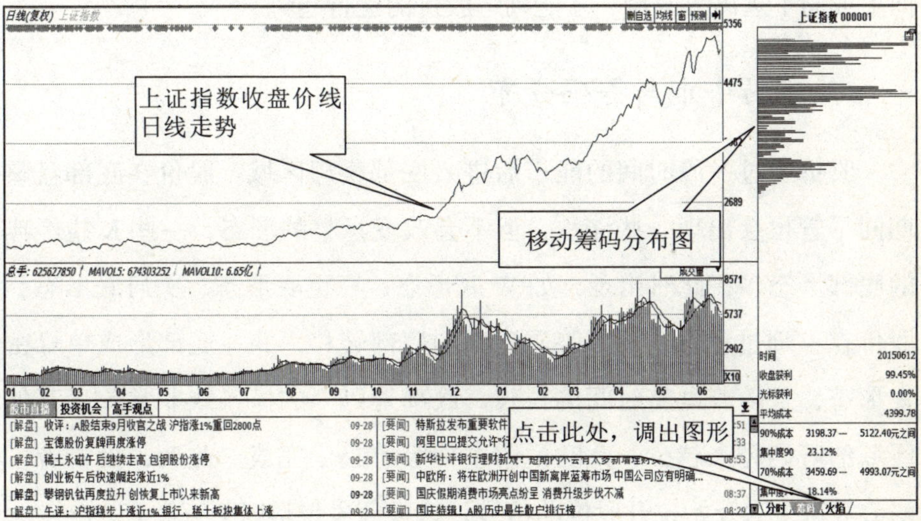

图 5-7　筹码分布图（同花顺）

第二，股价与密集筹码峰之间的距离就是股价波动的距离。换句话说，若股价位于筹码峰下方，则股价与筹码峰的距离就是股价将要反弹的最大幅度；反之，股价位于筹码峰上方，则股价与筹码峰的距离就是股价回调的最大幅度。

第三，通常情况下，股价运行至顶部区域，并且筹码开始密集，则主力出货的概率较大，一旦顶部筹码峰形成，则意味着未来股价下行的可能性较大；反之，若股价运行至底部区域，并且筹码开始密集，则说明主力吸筹建仓的可能性较大，未来股价上攻的可能性较大。

第四，股价上攻时，筹码峰必然随之上移，但若底部主筹码峰仍在，则说明主力未出货，未来有继续上升的可能；反之，股价下跌时，若顶部筹码峰仍在，则说明顶部套牢散户并未割肉离场，股价反转向上的可能性不大。

第五，股价上攻或下跌一段时间后，若出现盘整走势，筹码必然会在此区域密集成一主筹码峰，这说明股价未来突破方向未定。股价向上或向下远离筹码峰，才能判定股价的运行趋势。

一、熊市转牛市与筹码分布

股价经过一段时间的熊市后进入底部整理区域。股价在底部盘整期间尽管也会出现一些涨跌，但不会改变盘整的形态，一些 K 线经典的底部形态多在此时出现，如 W 底形态、三重底形态、头肩底形态。股价在整理过程中，顶部筹码逐渐向底部转移，并在底部形成单峰密集形态，且随着盘整时间的拉长，底部筹码峰的横条线非常长，其他区域的筹码越来越少，此时说明主力吸筹趋于完成。此后，投资者可耐心等待主力开始拉升股价的信号，这些信号包括以下五类。

一是，股价经过长期熊市，在底部盘整接近尾声时，可能会突然出现无量下跌的情况，但很快又会重新回到整理区间（此信号有时不会出现）。

二是，股价开始小幅上涨或快速上攻，成交量同步放大。

三是，股价很快站到筹码单峰顶部位置，这说明股价已经脱离筹码密集区，未来股价将发动一波上涨行情。

四是，股价上涨后，若出现回调走势，该筹码峰位置会成为股价的较佳支撑位。

五是，股价上涨时，通常情况下，成交量随之放大，这时投资者要分两种情况来考量：其一，股价上涨时，成交量大幅放大，则筹码峰必会随之上移，这是常见的筹码移动形态；其二，股价上涨时，成交量放大不明显，筹码峰未随股价的上涨而上移，则说明主力很可能已经锁仓，未来股价上涨的空间较大。

如图 5-8 所示，歌华有线（600037）经历长期熊市，2014 年 10 月底开始在底部区域横盘。该股股价在震荡过程中，筹码逐渐向底部密集，并逐渐形成了底部单峰密集形态，这说明主力已经掌握大量筹码。观察该股的走势可知，该股股价在启动之前的几个交易日出现了无量下跌走势，即股价在下跌时成交量萎缩，而重新拉升时成交量放大，这也印证了主力控盘度较高的判断。

2015 年 1 月 8 日，该股股价放量拉升，并成功站稳了底部单峰筹码的上沿，这说明该股涨势确立，未来将会出现一波上涨行情。

买入后，可以再观察一下该股其后的走势。如图 5-9 所示，歌华有线的股价在启动上涨后，成交量随之不断放大，底部单峰筹码不断上移，这说明股价的上涨与成交量配合较佳。不过，我们也应该注意一点：该股股价上攻与成交量上涨同步。也就是说，一旦成交量无法持续放大，股价也就难以持续上涨。

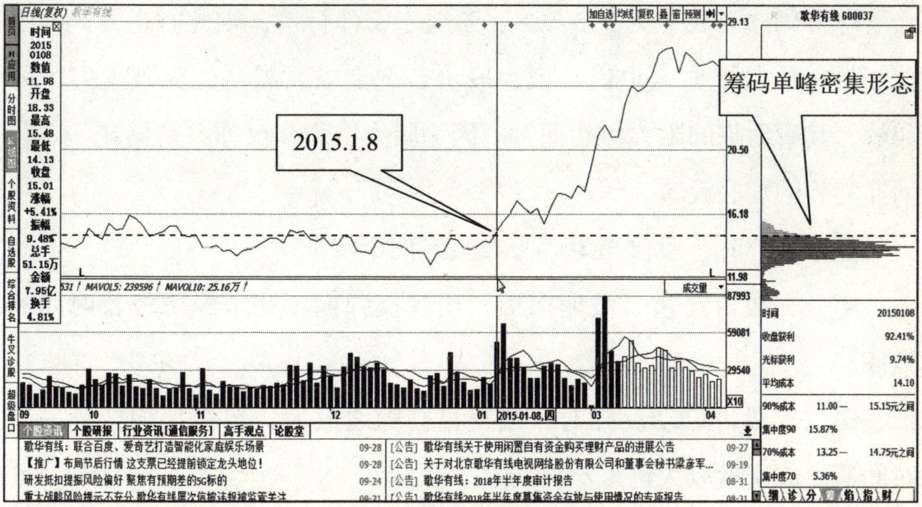

图 5-8 歌华有线底部单峰密集形态

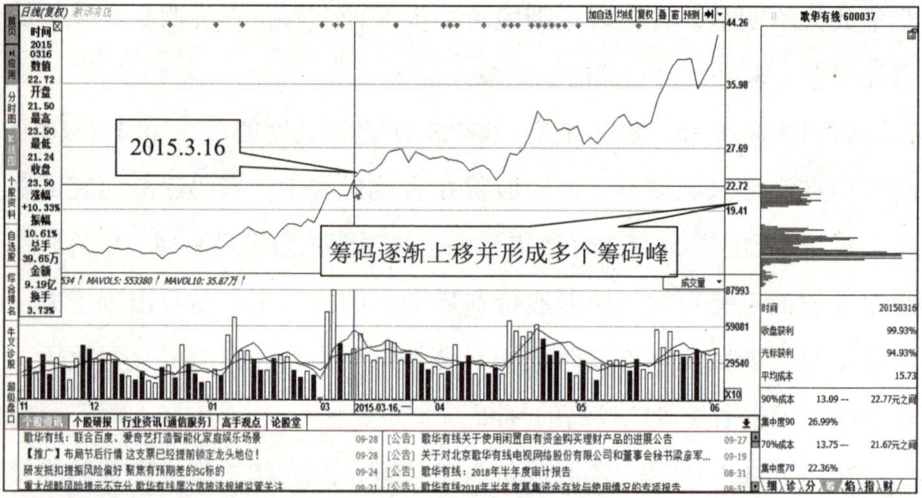

图 5-9 歌华有线股价上涨筹码发散

二、熊市反弹与筹码分布

熊市反弹与熊市转牛市的初期，看起来尽管都属于股价反弹，但从筹码分布的角度来看，则存在实质性的区别。通常情况下，熊市转牛市时，股价启动上攻前，股票的主筹码峰往往在底部区域，股价将会脚踩筹码峰上攻（见图 5-9），若属于反弹行情，则此时主筹码峰多位于股价线的上方，也就是说，股价若想上攻，需要先突破上方的筹码峰，其所面临的阻力可想而知。因为阻力巨大，反弹只是昙花一现，而非趋势的彻底反转。

熊市反弹时，股价与筹码分布具有四个特征。

第一，股价经过一波熊市后，出现反弹前，并未经历较长时间的筑底。

第二，股价启动反弹时，成交量会随之放大，但当反弹持续一段时间后，成交量放大迹象不再明显。

第三，股价启动反弹时，顶部密集筹码峰并未下移，也就是说，股价在下跌过程中还有很多投资者对股价重新上攻抱有希望，因而不愿割肉离场，这些筹码峰将会阻碍股价的反弹，并对股价上攻形成强大的阻力。

第四，当股价反弹至密集筹码峰附近时，可能会有大量套牢盘蜂拥而出，从而促使股价再次下跌。

如图 5-10 所示，江苏索普（600746）的股价自 2015 年 6 月 23 日开始跟随大盘的暴跌形成快速杀跌走势。该股股价在短期内跌幅巨大。2015 年 7 月 9 日，随着大盘的强劲反弹，该股股价也大幅反弹。观察此时的筹码分布图可知，该股的筹码呈发散排列，顶部筹码峰并未完全移至底部，这说明此时的上涨很可能只是短期反弹。

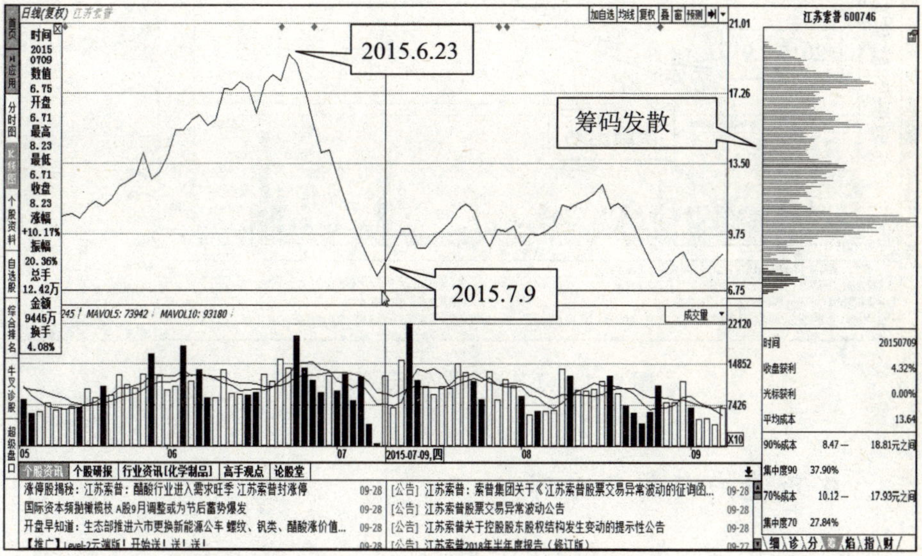

图 5-10　江苏索普股价下跌筹码发散

其后，该股连续几个交易日上涨。如图 5–11 所示，江苏索普的股价自 2015 年 7 月 9 日反弹后震荡上行，股价每次回调的低点逐渐升高，这属于典型的上升趋势。接下来，投资者需要研判该波段上升属于次级运动还是主要运动。我们继续观察股价的走势，随着股价的上升，成交量放大并不明显，与此同时，顶部筹码向下移动，这说明股价有重新选择突破方向的可能。

8 月 18 日，处于小幅上升趋势中的股价开始下跌，很快跌破股价反弹过程中的最低点和主筹码峰，这说明股价反弹行情已经结束，投资者可考虑出货。

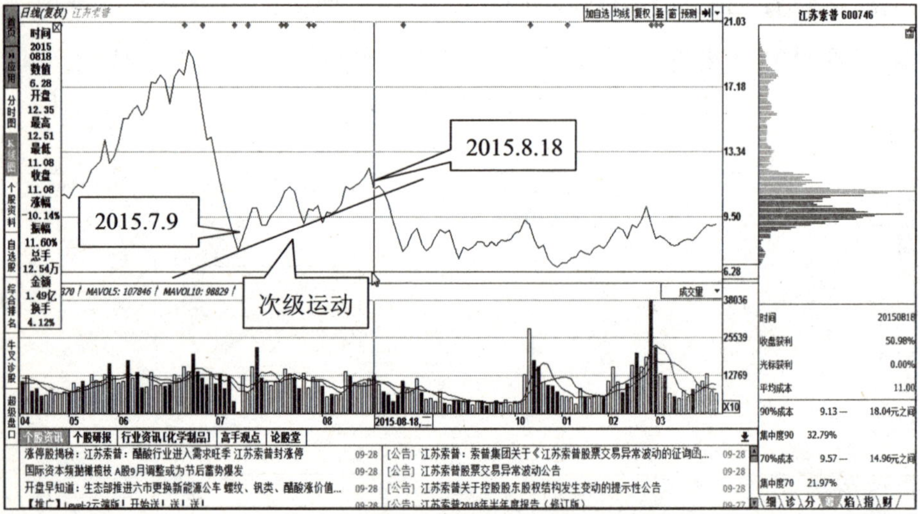

图 5–11 江苏索普股价反弹筹码密集

三、牛市途中与筹码分布

牛市开启后，成交量同步放大，筹码峰随着股价的上攻呈逐级上移态势，即底部的筹码峰逐渐消失，最大的筹码峰总是在高位出现，而股价又位于最大的筹码峰的上沿，这说明股价与成交量处于良性配合的状态，持有该股的投资者可耐心持股。一旦股价跌破最大的筹码峰，则意味着股价很可能终止上涨趋势。

该方法有四个操盘要点。

第一，股价启动上涨前，需要在启动位置形成一个较密集的筹码峰，且股价上方没有较大的筹码峰。也就是说，股价的上行不应该有明显的阻力位。这也是牛市能够开启的重要保障。

第二，股价启动上涨后，底部的筹码峰会逐渐消失，并且随着股价的上涨，筹码会呈发散状态，在股价附近形成新的筹码峰，且这个筹码峰是逐渐移动的。

第三，股价在上攻过程中，若有调整，则会在调整位置出现小的筹码峰，但如果股价没有跌破这些筹码峰，投资者可耐心持股。

第四，股价上涨一段时间后遇阻回落，且跌破了最高的筹码峰，投资者可考虑止盈出局。

如图 5-12 所示，上证指数 2014 年下半年开启了一轮大牛市。到 2015 年年初，指数上升到了一个较高的位置。观察此时的筹码分布图可知，尽管底部的筹码峰仍然存在，但在高位也形成了一个新的筹码峰。这说明指数在上升过程中，筹码峰也随之不断上移，底部筹码峰逐渐萎缩，主力在拉升股价时也在同步派筹。不过，只要指数与成交量能够同步放大，投资者仍可以对大盘走势保持信心。

2015 年 1 月 6 日，上证指数创下高点后回调，投资者需要关注筹码峰与指数的关系，如图 5-13 所示。上证指数自 2015 年 1 月 6 日开始震荡回调，筹码迅速在回调区域密集。投资者需要密切关注指数与筹码峰的相对位置，只要指数没有有效跌破顶部筹码峰，投资者就可以对大盘走势保持信心。

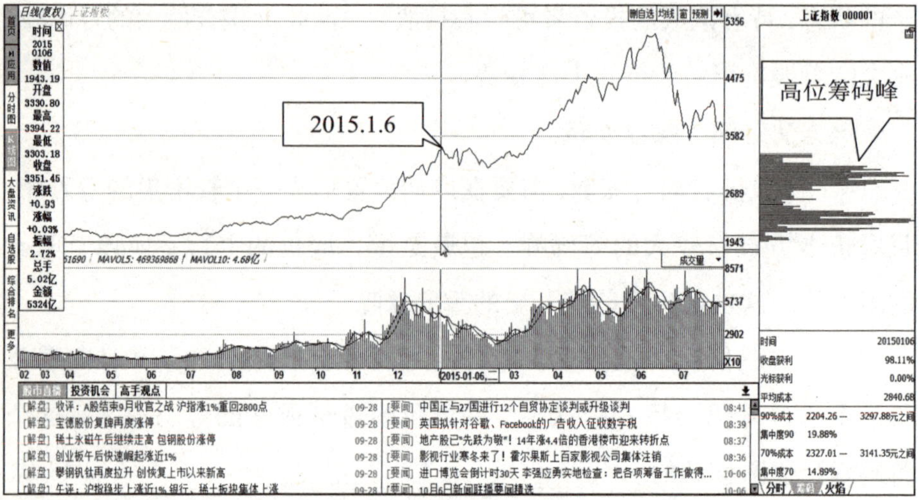

图 5-12 上证指数第一波上升后的筹码分布

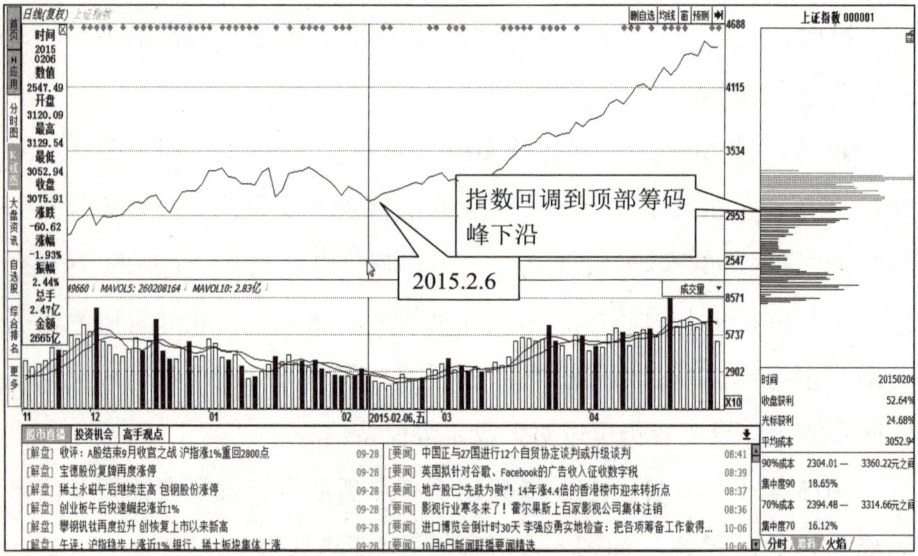

图 5-13 上证指数回调后的筹码分布

其后，股价开始向上反攻，由此可见，筹码峰对指数具有较强的支撑作用，如图 5-14 所示。上证指数经历了一波次级运动（即回调）之后，自 2015 年 2 月 6 日开始重新启动了一轮上攻走势。这说明股市仍在延续逆市格局。投资者观察其后的筹码分布图可知，筹码峰加快了上移的速度，底部的筹码峰和回调位置所形成的筹码峰开始缩减，这与指数的上攻有密切关系。同时，这也说明当前的放量上攻属于良性的量价关系，未来股市仍旧看涨，一旦成交量无法放大，则上涨可能停止。

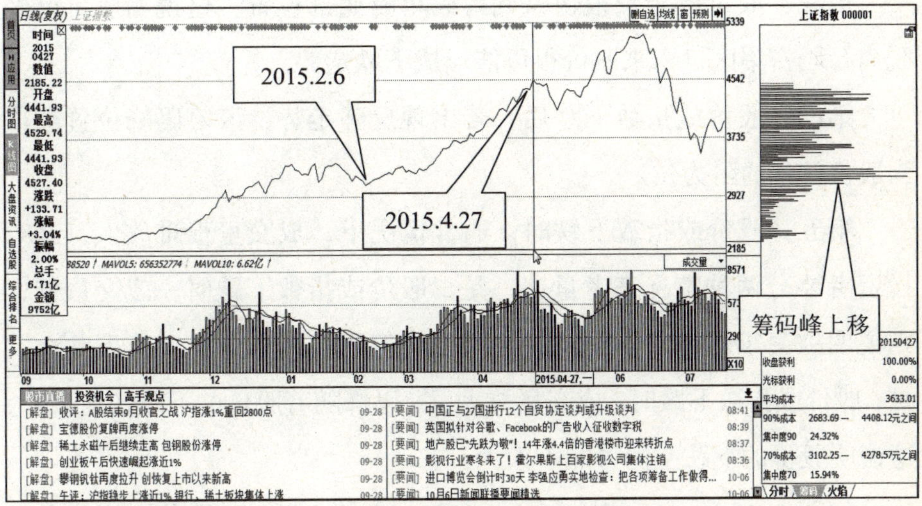

图 5–14 上证指数继续上攻后的筹码分布

四、牛市终结与筹码分布

随着牛市的深入，股价或指数经过一段时间的上涨进入顶部区域。在顶部盘整期间尽管也会出现涨跌，但不会改变盘整的形态，一些K线经典的顶部形态多在此时出现，如M顶形态、三重顶形态、头肩顶形态，不过总体上来说，股价或指数停留在顶部的时间明显少于底部。股价在整理过程中，底部筹码逐渐向顶部转移，并在顶部形成单峰密集形态，且随着盘整时间的拉长，顶部筹码峰的横条线会非常长，其他区域的筹码越来越少，此时说明主力出货接近于完成。此后，股价很可能快速下跌。

股价即将下跌的信号包括五类。

第一，股价或指数涨跌交替出现，股价却没有再上新台阶，但成交量放大。

第二，股价或指数上涨至顶部区域前，成交量已经连续放大。

第三，股价或指数很快跌到筹码单峰底部位置，这说明股价已经脱离筹码密集区，未来股价很可能形成下跌走势。

第四，股价或指数下跌后，若出现反弹走势，该筹码峰位置会成为股价较强的阻力位。

第五，股价或指数下跌时，通常情况下，成交量很难放大，这时投资者要分两种情况来考量：一是，股价或指数下跌时，成交量低，则说明被套牢的散户不愿意放弃手中的筹码，未来股价还将下跌；二是，股价或指数下跌时，成交量放大，筹码峰随着股价的下跌快速下移，这说明股价的下跌空间可能不太大。

如图 5-15 所示，华力创通（300045）自 2014 年下半年随着大盘牛市的不断深入开启了连续上攻走势。5 月 27 日创下一段时间以来的最高价。投资者观察此时的筹码分布形态可知：尽管此时高位形成了明显的筹码峰，但低位筹码峰仍然存在，这说明该股走势基本健康，持有该股的投资者可继续持股。

其后该股在顶部区域连续出现震荡回调走势，如图 5-16 所示。该股股价在顶部区域震荡了较长时间，并形成了明显的头肩顶形态。观察此时的筹码分布图可知，此时底部筹码峰全部上移至顶部区域，这说明主力已经完成出货操作。当然，在实战中也存在新的主力入场，吸收了前任主力的筹码。因此，投资者需要关注两点：第一，股价所处的位置，通常情况下，股价上升幅度很大时，一般不会有新主力入场接盘；第二，股价若跌破顶部主筹码峰，则意味着股价将启动下跌走势。从图 5-16 可以看出，该股股价已经跌破顶部筹码峰，未来下跌的概率极大。

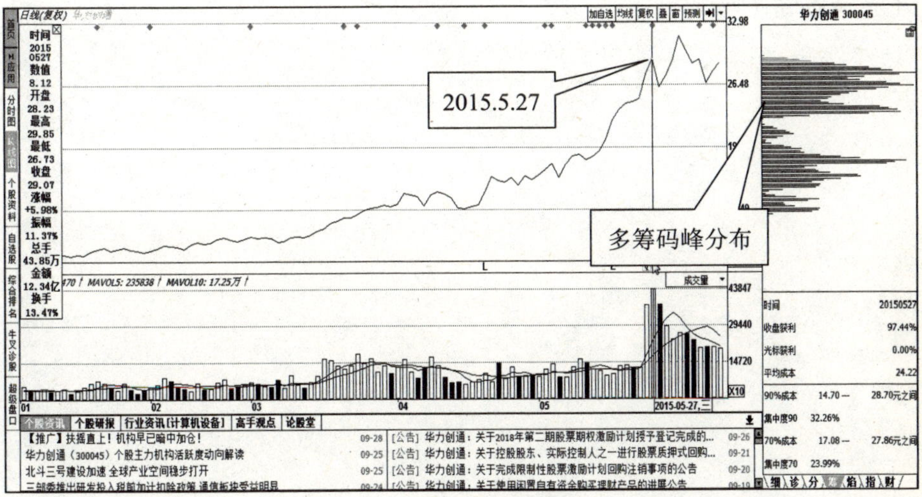

图 5-15 华力创通多峰密集形态

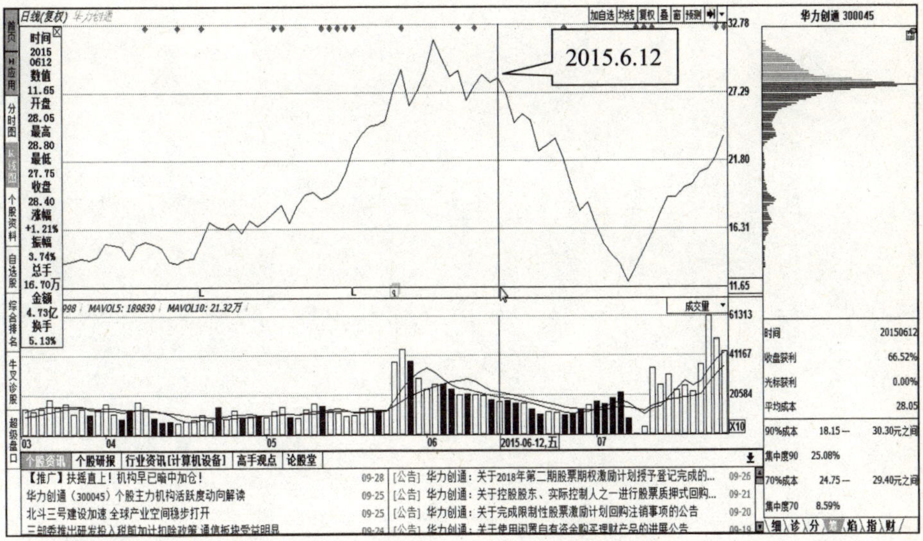

图 5-16 华力创通顶部单峰密集形态

投资者需要注意两点：第一，所谓低位密集与高位密集只是一种相对概念，并不是绝对的；第二，筹码在低位密集，只能说向上的概率较大，并非一定会上攻；筹码在高位密集，只能说向下的概率较大，并非一定会下跌。

第六章
如何判断趋势反转与转折

道氏理论并没有提及严格而准确地预判趋势反转的方法。虽然双顶或双底形态作为道氏理论的一部分而被大家所熟知，但是查尔斯·道和汉密尔顿也没有说过通过双顶或双底预判股价运行趋势是一种有效的方法。相反，有这样一种观点："双顶或双底对预测价格运动的价值并不大，而且常常使人迷惑。"汉密尔顿曾在 1926 年使用双重顶理论，得出牛市已经结束的错误结论。

和道氏理论中的其他观点相近，关于双顶或双底的理论，查尔斯·道和汉密尔顿的观点也曾摇摆和模糊。

汉密尔顿在其所著的《股市晴雨表》中曾引用查尔斯·道介绍双头走势的文章：“交易记录显示，在多数情况下，当某只股票的价格达到顶点时，将适度下跌，然后重新到达最高点附近。如果此后价格再次下跌，则下跌的幅度会很大。当然，那些尝试单独使用这一理论的交易者很快发现有很多例外的情况，很多时候，双头走势的信号并没有出现。”

其实，和其他很多预判股价运行趋势的技术相同，单独使用某种方法都存在一定的弊端，而且股市中也不存在百分百准确且可靠的分析技术。正因如此，时至今日，双头理论才会越来越多地作为道氏理论的一部分被发扬光大。当然，我们在使用双头理论时，肯定需要结合其他分析技术和手段，例如成交量、均线等技术指标，而这些技术指标在查尔斯·道和汉密尔顿的年代还没有像今天发挥这么重要的作用。

如今我们没有必要探讨道氏理论是否支持或认可双头理论这一问题，我们需要做的是更好地应用和推广双头理论，使其发出的信号更准确。

第一节 双底及其变形

在道氏理论中，若股价或指数在下跌过程中不能再次创出新的低点，且反弹的高点高于上次反弹的高点，那么就可以认定股价或指数的下跌趋势即将终结。而在双底形态中，连续创出的两个位置相近的底部（第二个底高于第一个底往往意味着反弹概率更大），已经说明下跌趋势即将或已经终结。换句话说，双底本身就可以看作熊市结束的典型信号。为了让读者更加熟悉和掌握双底形态，本节将重点介绍双底形态及其变形，如头肩底、三重底等形态。

一、双底形态及其交易含义

双底，又称 W 形底，出现在一段下跌行情的末尾，该形态有两个明显的价格低谷，且两个低谷的最低点大致处于同一价位，形状就像英文字母 W，如图 6-1 所示。

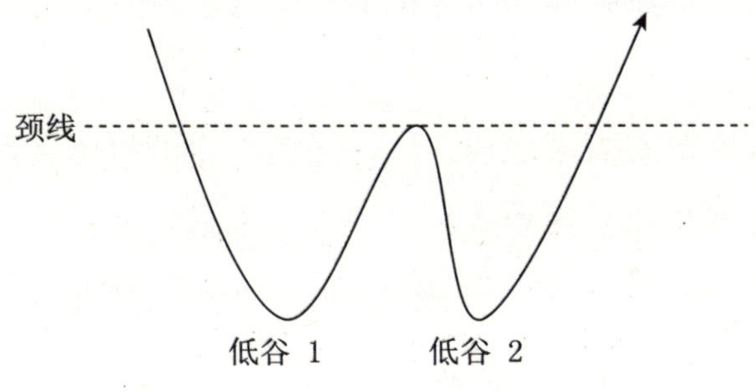

图 6-1 双底形态

双底的形成经历了这样的过程：股价下跌到一定的价位水平后，由于股价太低，持股的投资者不愿割肉，而持币的投资者受到低价吸引尝试买入，因而股价出现技术性反弹，形成了第一个低谷。但涨到一定幅度之后，短期获利的投资者将获利回吐，前期不愿割肉的投资者也趁机卖出，之后股价再次下跌，因而反弹并没有持续多长时间。再次下跌的股价回落到上次低点附近时获得支撑，重新开始上涨，吸引了越来越多的投资者跟进买入，股价冲破了前一次反弹的高点，形成了第二个低谷。

投资者依据第一个反弹高点，画一条水平线，就得到了双底的颈线。股价突破该颈线才能视为双底形态正式构筑完成。

按照道氏理论的解读，第二个底就如同一个没有创新低的低点。也就是说，处于下跌趋势中的股价没有创出新低时，应该考虑行情有无转向的可能。当然，这种转向有可能属于主要运动的转向，也有可能属于次级运动。

双底是一种转势形态，它的出现预示着跌势将告一段落，行情将步入上升通道。

第一，双底形态是较为可靠的看涨信号，投资者看到此形态后应考虑买入股票。

第二，双底形态尚未形成，一些经验丰富的投资者便从中找到了买入良机。当股价第二次探底，且所探得的低点高于前一个低谷的低点时，称为二次探底不破底价。激进的投资者可以把握时机，适量买入，并把前一低谷的低点设为止损点。

第三，双底第一个明确的买入时机出现在股价突破颈线位置时，这表明双底基本形成，投资者可积极买入，同时将止损位设在颈线位置。

第四，股价在突破颈线的同时，应该伴随着成交量的放大；如果成交量太小，则突破的效果会大打折扣，后市极有可能出现横盘震荡的走势。

第五，股价在突破颈线后，颈线从阻力位变成了支撑位。之后股价可能对颈线有一个回抽动作以测试突破的有效性，如图 6-2 所示。如果股价在此位置获得支撑，则双底形态得到确认，这也是较明确的买入信号，投资者可大胆买入；如果支撑失败，则双底形态失效，投资者应选择出局观望。需要说明的是，并不是所有股票在出现双底后都会有回抽动作。

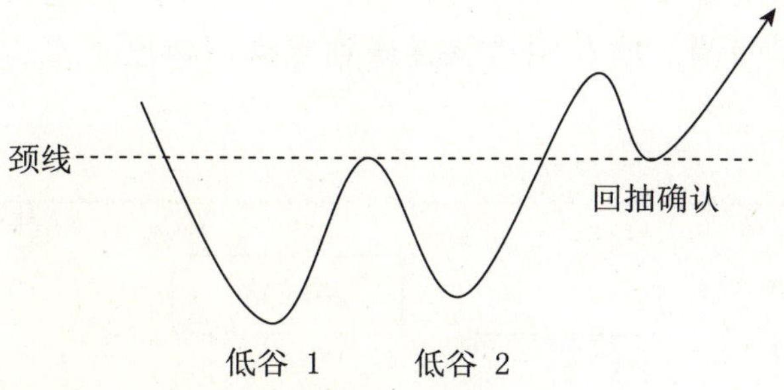

图 6-2 双底形态回抽确认

第六，双底两个低点相隔的周期越长，说明在底部的换手越充分，后市上涨的可能性越大。

第七，在双底形成的过程中，如果第二个低谷的成交量小于第一个低谷的成交量，第二个低点高于第一个低点，则看涨信号更强烈。

第八，双底的最低点与颈线之间的垂直距离越大，通常表示未来股价上涨的幅度越大。

第九，如果在高价位区域出现与双底类似的形态，那么极有可能是下跌中继的矩形整理形态，这时投资者切勿将其按照双底形态进行操作。如图 6-3 所示，2014 年 12 月下旬到 2015 年 3 月上旬，济川药业（600566）的日收盘价线走势图上出现了双底形态。

2014年12月30日，处于下跌行情中的济川药业创出近期最低价，然后股价开始回升，从而形成了第一个低谷。这一回升持续的时间不长。2015年1月27日，该股上升遇到阻力，再次下跌。

2015年2月9日，该股再度创出一个阶段低点后开始回升，从而形成了第二个低谷。这个低谷的低点要高于前一低谷的低点，即二次探底不破底价。激进的投资者可以在反弹过程中抓住时机买入。

2015年3月9日，该股股价突破了颈线位置，双底构筑完成。这是一个明确的买入信号，稳健的投资者可以在当天放心买入。其后，该股出现了回调，但在颈线位置遇到支撑而再度上涨，此后，投资者可追加买入。

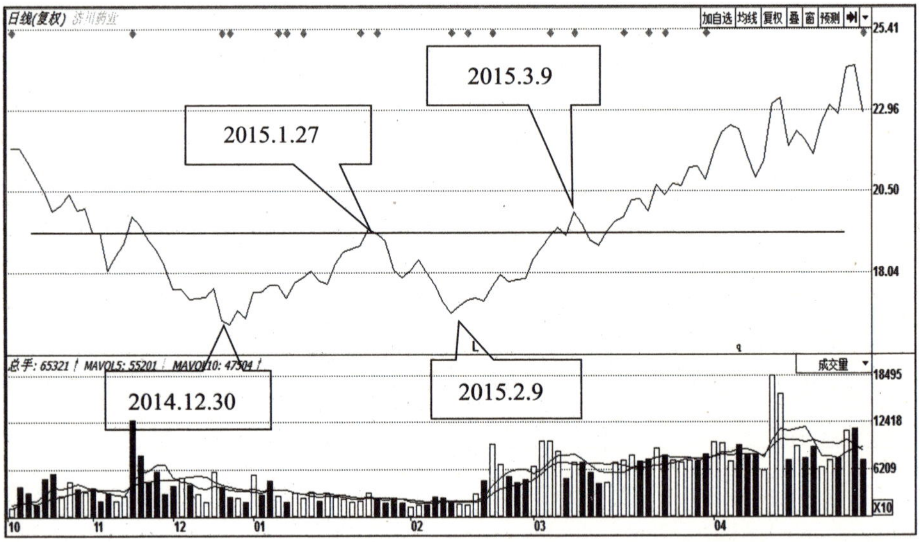

图6–3 济川药业日收盘价线走势图

二、头肩底形态及其交易含义

头肩底形态出现在下跌行情中，由三个低谷组成，左右两个低谷相对较浅，基本处在同一水平位置，中间一个低谷的低点明显低于左右两个低谷的低点，其形态就像一个倒立的人的头部和两肩，如图 6-4 所示。

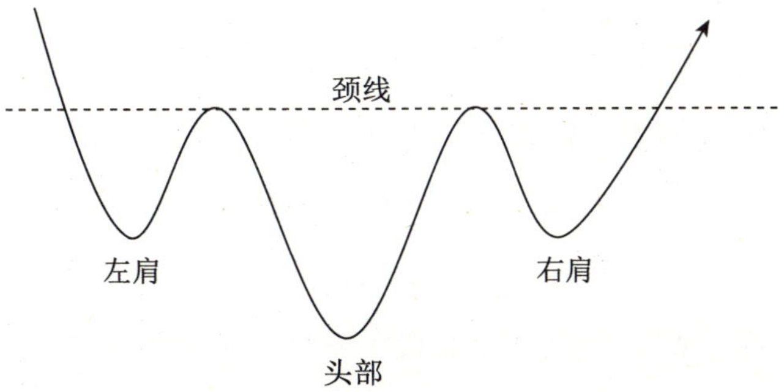

图 6-4 头肩底形态

头肩底形态是这样形成的：股价下跌到一定深度后开始反弹，达到一定高度后回调，形成了左肩，接着再度下跌创出新低后回升，构筑了头部，之后又上涨到前一次反弹的高度附近再次回调，这次回调的低点高于头部的低点，形成了右肩。在两次反弹过程中，股价基本在同一价位受阻回落，这个价位上的直线就是颈线。

以道氏理论解读头肩底形态可以发现，其实质上是将熊市转为牛市的过程进行了简化描述。一波下跌的行情，先是更低的低点，而后是升高的低点，这就是一个比较明确的趋势反转信号。当然，也不能凭借头肩底形态和双底形态判断该行情到底是主要运动的转向，还是下跌过程中出现了次级反弹运动。

头肩底形态是一种较强烈的反转形态，表示空方力量被不断消耗，多方重新焕发生机。

第一，头肩底形态是较为可靠的牛市信号，此形态出现之后常常会出现一轮可观的上涨行情。因此，投资者看到头肩底形态后，应果断买入股票、持股待涨。

第二，当股价冲破了阻力线（颈线）位置，表示头肩底形态构筑完成，这是头肩底形态的第一个买入信号。此时，投资者可以果断买入。在突破颈线时，必须有成交量激增的配合，否则这可能是一个错误的突破。但是如果在突破后成交量逐渐增加，形态也可确认。

第三，股价突破头肩底的阻力线（颈线）后，往往会在不久之后回抽到颈线附近，如图 6–5 所示。如果股价止跌回升，则向上突破的有效性便得以确认，这时是第二个买入信号。但是这样的回抽有时不会出现，因此，投资者切不可把它作为自己唯一的买入点，以免踏空行情。

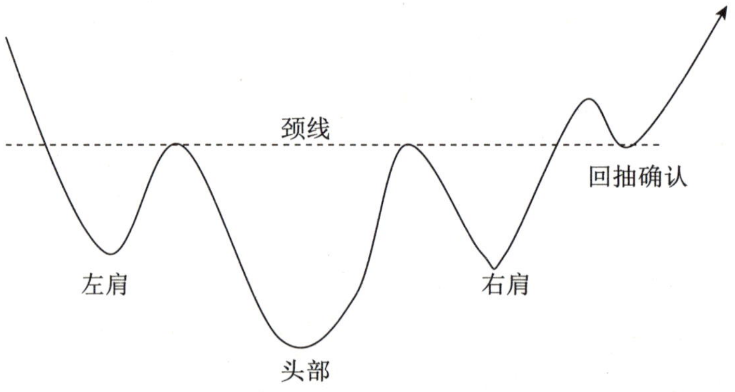

图 6–5 头肩底形态回抽确认

第四，股价完成向上突破后，原来的阻力位变成了支撑位。因此，参照头肩底形态买入股票的投资者应该将止损位设在头肩底的颈线位置。

第五，成交量是头肩底形态信号强弱的重要指标。如果在形成左肩和头部的过程中成交量极度萎缩，在冲破颈线形成右肩的过程中成交量却显著放大，说明看涨信号的可靠性更高。

第六，一般来说，头肩底形态较为平坦，需要较长的时间来完成。形成头肩底所用的时间越长，后市上涨的空间可能越大。

第七，头肩底形态可能演变成多个头部或多个肩部形态，但是其基本的技术含义并没有改变，并不影响作为头肩底形态进行研判。

如图 6-6 所示，2015 年 9~11 月，中闽能源（600163）的日收盘价线走势图上出现了头肩底形态。

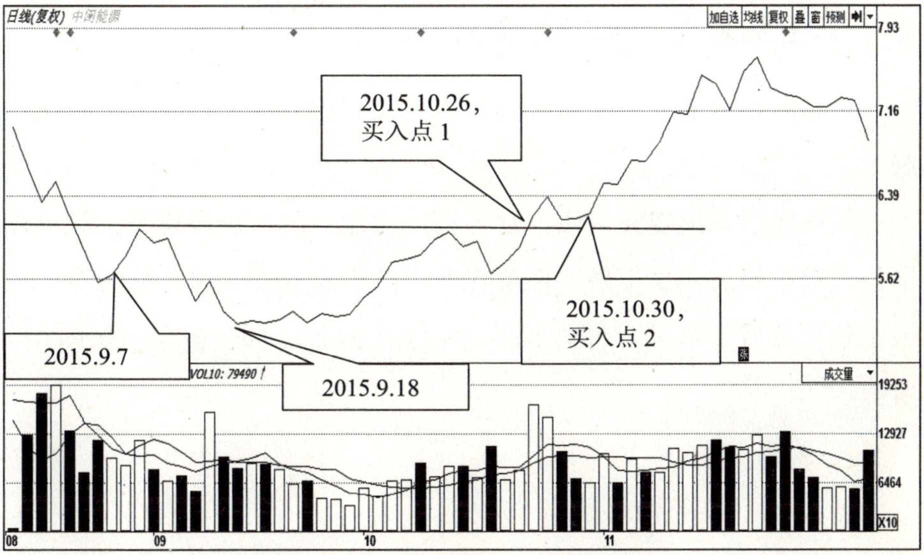

图 6-6　中闽能源日收盘价线走势图

2015 年 8 月中旬，中闽能源开启下跌行情。

2015 年 9 月 7 日，该股股价开始反弹，从而形成了头肩底的左肩。

经过几个交易日的短暂反弹后，该股又一次下跌，2015 年 9 月 18 日，该股创出该阶段的最低收盘价，然后探底反弹，形成一个头部形态。

这次该股涨到上一次反弹的高度附近，又出现了回落，经历了两个交易日的下跌后，该股三度反弹。这一低点高于头部位置，从而形成了头肩底的右肩。

2015 年 10 月 26 日，该股的股价突破了阻力线（即头肩底的颈线），至此，头肩底形态构筑完成，第一个买入点出现，投资者应在当日考虑买入。

2015年10月30日，该股回抽到颈线附近重新启动上涨，这是对头肩底形态的确认，也是较为明显的第二个买入点。这时，之前没有介入的投资者应该果断建仓，已经持股的投资者可以考虑加仓。

三、三重底形态及其交易含义

从某种意义上说，我们可以将三重底看作双底的特殊形式或强化版本。

三重底形态出现在一段下跌行情的末尾，其形态表现为：股价在低位波动中经历三次下跌，但都在低点获得支撑并反弹，从而形成了三个价格低谷，这三个价格低谷的低点大致处于同一价位，如图6-7所示。

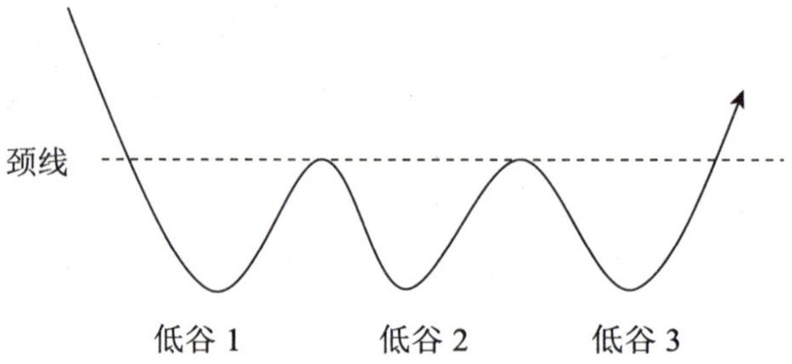

图 6-7 三重底形态

相对于双底形态和头肩底形态，三重底形态比较少见，却是一种非常坚实的底部形态，该形态形成后的上涨力度是三种形态中最强的。

将三重底形态两次反弹的高点相连，便是三重底的颈线。与头肩底形态和双底形态一样，只有股价突破颈线后，才能确认三重底形态有效。

按照道氏理论的解读，第二个底和第三个底都没有创出新低点，也就强化了趋势将迎来转折的信号。与双底形态和头肩底形态相似，这种转向有可能属于主要运动的转向，也有可能属于次级运动。

三重底形态是一种坚实的底部形态，在该形态的构筑过程中，空方力量不断衰竭，多方力量开始凝聚，该形态的出现表示未来将有一轮可观的上涨行情。

第一，三重底形态是较为可靠的看涨信号，投资者看到此形态后应考虑买入。

第二，在三重底形态尚未构筑完成时，如果股价第三次向上反弹势头强劲且伴随着成交量的放大，则说明形成三重底的可能性很大。这时，激进的投资者可以适量买入，同时将止损位定为三个低谷中的最低点。

第三，当股价突破颈线位置时，表明三重底形态已经基本成熟，投资者应该有效把握这一时机积极买入，并把颈线位置设为止损位。

第四，股价突破颈线后，也可能在不久之后回抽到颈线附近予以确认，如图 6–8 所示。如果获得支撑，则证明形态有效，投资者可以放心买入。但并不是所有三重底形态被突破后都会回调，所以投资者不能把这种回抽当作唯一的买入点。

第五，三重底形态的三次上攻过程中，成交量如果呈现逐次放大的态势，则后市上涨的可能性更大。最后一次上攻时，应该是带量突破颈线，这样上涨信号才更有效。

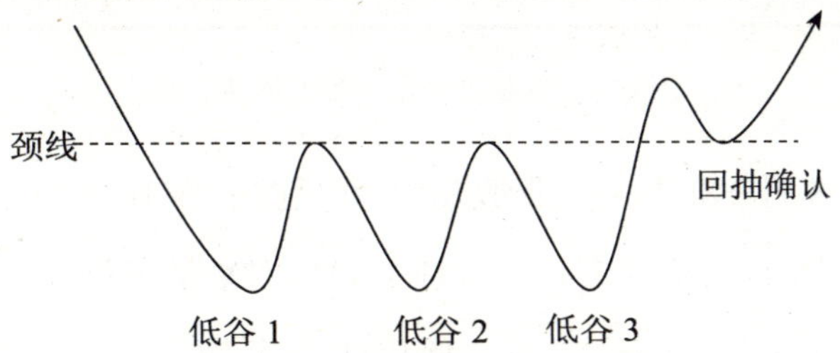

图 6–8　三重底形态回抽确认

第六，三重底形成的周期越长，底部换手越充分，说明底部基础构筑得越牢固，后市上涨的空间越大。

第七，三重底的最低点与颈线之间的垂直距离越大，通常表示未来股价上涨的幅度越大。

第八，如果在高价位区域出现与三重底类似的形态，那么极有可能是下跌中继的矩形整理形态，这时投资者切勿按照三重底形态进行操作。

如图 6–9 所示，2015 年 8~10 月，弘业股份（600128）的日收盘价线图上出现了三重底形态。

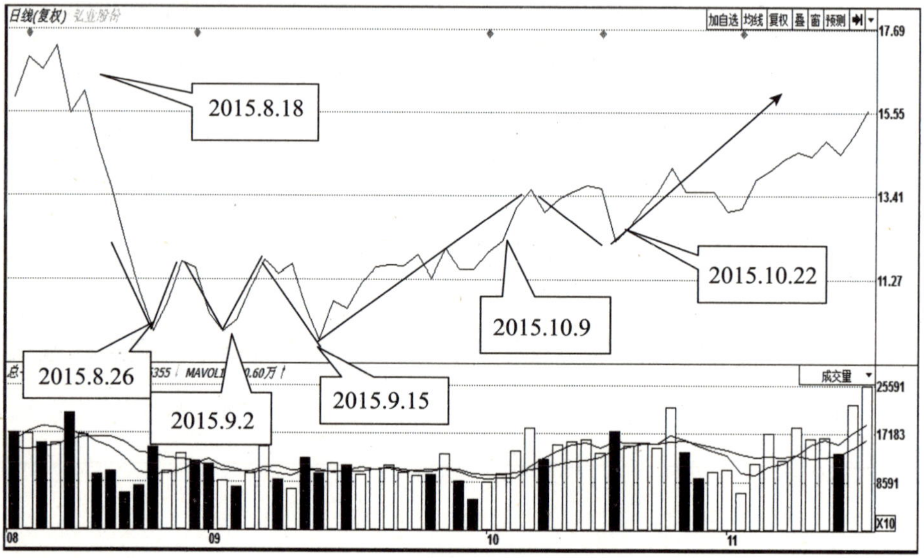

图 6–9 弘业股份日收盘价线走势图

2015 年 8 月 18 日，弘业股份结束反弹，快速下跌。之后，该股分别于 8 月 26 日、9 月 2 日、9 月 15 日三次探底反弹。由于第三次反弹的成交量并没有明显放大，所以投资者最好不要贸然行动，仍应选择持币观望。投资者可将股价两度反弹的高点连接在一起构成一条颈线。

2015 年 10 月 9 日，该股股价经过一段时间的盘整后放量向上突破了颈线位置。至此，三重底形态正式确立，投资者可买入。

完成突破后，弘业股份的股价曾小幅回抽。2015 年 10 月 22 日，该股获得支撑重新开始向上运行，这充分证明了突破的有效性。此时，投资者如果仍有资金，可加仓买入。

第二节　双顶及其变形

在道氏理论中，若股价或指数在上涨过程中不能再次创出新高，且回调的低点低于上次回调的低点，那么就可以认定股价或指数的上涨趋势将终结。而在双顶形态中，连续创出的两个位置相近的顶部（第二个顶低于第一个顶往往意味着下跌概率更大），已经说明了上涨趋势即将或已经终结。换句话说，双顶本身可以看作牛市可能结束的典型信号。为了让读者熟悉和掌握双顶形态，本节将重点介绍双顶形态及其变形，包括头肩顶、三重顶等形态。

一、双顶形态及其交易含义

双顶，又称 M 顶，出现在一段上涨行情的末尾，该形态有两个明显的价格高峰，且两个高峰的最高点大致处于同一价位，形状就像英文字母 M，如图 6-10 所示。

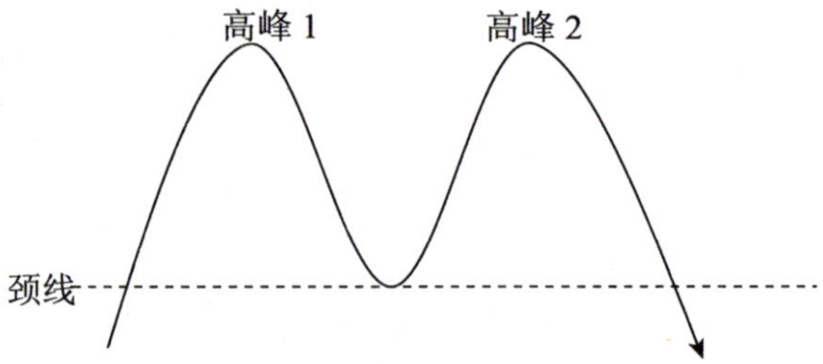

图 6-10 双顶形态

双顶形态的形成经历了这样的过程：股价上涨到一定的价位后，由于股价太高，持股的投资者纷纷获利落袋，很多持币的投资者也望而却步，因而股价出现技术性回调，形成了第一个高峰。但下跌并没有持续多长时间，投资者在股价跌到一定程度时开始买入，推动了股价的反弹，股价再次回升到了前期顶点附近。这时短期投资者获利回吐，股价再次下跌，这次下跌引发抛盘热潮，股价跌破了前一次回落的低点，形成了第二个高峰。

通过第一个回落的低点，画一条水平线，就得到了双顶的颈线。股价跌破该颈线才能视为双顶形态正式构筑完成。

以道氏理论的解读，第二个顶就如同一个没有创造新高的高点。也就是说，处于上涨趋势中的股价没有创出新的高点时，我们就应该考虑行情有无转向的可能。当然，这种转向有可能属于主要运动的转向，也有可能属于次级运动。

双顶形态是一种转势形态，它的出现预示着涨势将告一段落，行情将步入下跌通道。

第一，双顶形态是可靠的看跌信号，投资者看到此形态后应考虑卖出。

第二，双顶形态尚未形成，有经验的投资者便会提前嗅出危险，将手中的股票沽出。因此，如果出现第一个高峰之后，股价大幅下跌，其后股价再度上升到前期顶点附近，但又无法突破前期顶点，同时成交量较前期明显缩小，则有形成双顶的可能。这时投资者应先卖出部分股票，轻仓观望。

第三，双顶形态第一个明确的卖出信号出现在股价突破颈线位置时，这表明双顶基本形成，投资者应把握时机，尽快卖出。

第四，股价在跌破颈线后，颈线从支撑位变成了阻力位。之后股价可能会对颈线有回抽动作以测试突破的有效性，如图 6-11 所示。如果股价在此位置受阻回落，则双顶形态得到确认，这是明确的卖出信号，仍持股的投资者应果断清仓。需要说明的是，并不是所有的股票在出现双顶后都有回抽动作。

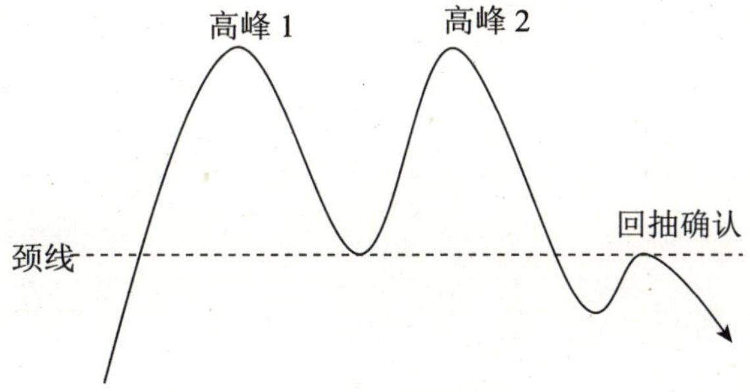

图 6-11　双顶形态回抽确认

第五，双顶形态的两个顶点相隔时间越长，在顶部的成交量越大，后市下跌的可能性越大。

第六，在双顶形成的过程中，如果第二个高峰的成交量小于第一个高峰的成交量，第二个顶点低于第一个顶点，则看跌信号更强烈。

第七，双顶的最高点与颈线之间的垂直距离越大，通常表示未来股价下跌的幅度越大。

第八，如果在低价位区域出现与双顶类似的形态，那么极有可能是下跌中继的矩形整理形态，这时投资者切勿依照双顶形态进行操作。

如图 6-12 所示，2016 年 12 月，华媒控股（000607）的日收盘价线走势图上出现了双顶形态。

2016 年 11 月下旬，震荡整理之后的华媒控股开启了新一轮的上涨行情。经过持续快速上涨，该股于 2016 年 11 月 30 日创近期新高后回落，从而形成了双顶的第一个高峰。

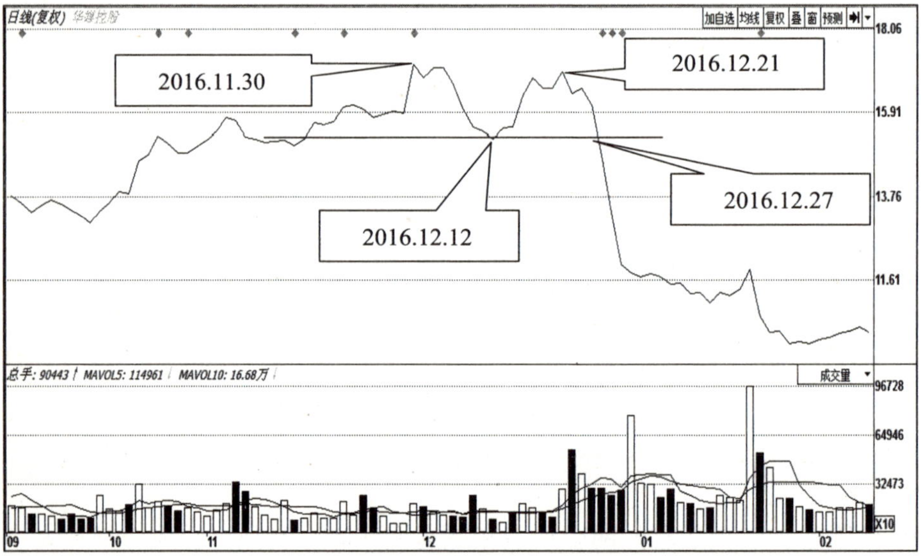

图 6-12 华媒控股日收盘价线走势图

2016 年 12 月 12 日，华媒控股的股价在下跌过程中获得支撑后反弹，但这次反弹持续时间较短，12 月 21 日，该股在创出第二高点后再次向下，形成了第二个高峰，不过这次的高峰低于前一个高峰。同时，在股价下跌过程中，成交量显著放大，存在主力出货的可能。至此，该股出现双顶形态的可能性较大。因此，从第二个顶点下落的过程中，投资者应进行减仓操作以规避风险。

2016 年 12 月 27 日，该股股价跌破颈线，这标志着双顶构筑完成，投资者应该将仓位全部清空。

需要说明的是，华媒控股在从顶部下跌的过程中并没有回抽动作，因此不存在“回抽确认”的卖出点。

二、头肩顶形态及其交易含义

头肩顶形态出现在上涨行情中，由三个高峰组成，左右两个高峰相对较低，基本处在同一水平位置，中间一个高峰的高点明显高于左右两个高峰的高点，其形态就像一个人的头部和两肩，如图 6-13 所示。

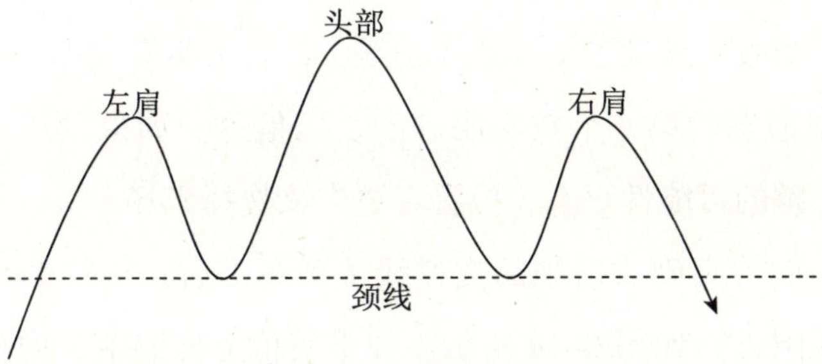

图 6-13 头肩顶形态

头肩顶形态是这样形成的：股价上涨到一定高度后开始回落，下降到一定程度后又出现回调，形成了“左肩”，接着再度上冲创出新高后回落，构筑了“头部”，之后又下跌到前一次回调的位置附近再次向上，这次回升的高点低于头部的高点，形成了“右肩”。在两次回调的过程中，股价基本在同一价位得到支撑，这个价位上的直线就是颈线。

以道氏理论解读头肩顶可以发现，这种形态实质上是对牛市转为熊市过程的简化描述。一波上涨的行情，先是更高的高点，而后是下降的高点，这就是一个比较明确的趋势反转信号。当然，头肩顶形态与双顶形态相似，也不能判断该行情到底是主要运动的转向还是下跌过程中出现了次级反弹运动。

头肩顶形态是一种较为强烈的反转形态，表示多方力量不断消耗，空方逐渐占据主动。

第一，头肩顶形态是可靠的熊市信号，此形态出现之后常常会出现较为显著的下跌行情，因此，投资者看到头肩顶形态后应果断卖出，持币观望。

第二，如果第二个高点的成交量较第一个高点大幅缩减，就暗示了头肩顶出现的可能性，“先知先觉”的投资者可以在右肩形成的过程中卖出股票。

第三，当股价跌破了支撑线（颈线），表示头肩顶形态构筑完成，这是头肩顶形态的第一个较为明确的卖出信号。如果颈线向下倾斜，表示后市下跌的可能性更大，投资者更应该选择离场。

第四，股价突破头肩顶的支撑线（颈线）后，往往会在不久之后回抽到颈线附近，如图 6-14 所示。如果股价上探回落，向下突破的有效性便得到了确认，这是第二个明确的卖出信号。但是这样的回抽有时不会出现，因此，投资者切不可把它作为自己唯一的卖出点，以免被深度套牢。

第五，股价完成向下突破后，原来的支撑位就变成了阻力位。当股价上升到这一位置时，投资者应加倍小心。

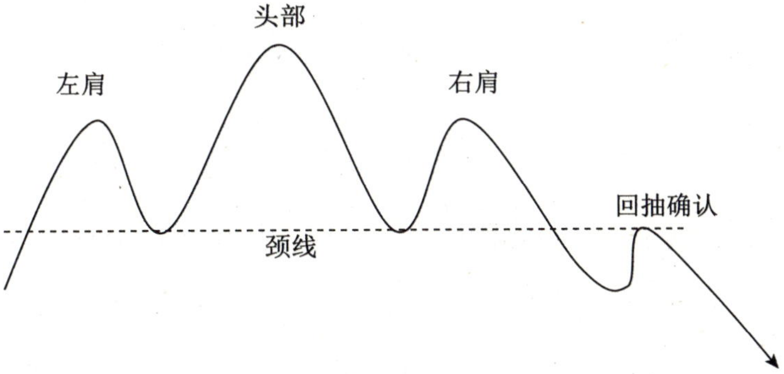

图 6-14 头肩顶形态回抽确认

第六，成交量是表示头肩顶形态信号强弱的重要指标。如果成交量在形成左肩和头部的过程中显著放大，在冲破颈线形成右肩的过程中却萎缩，说明看跌信号的可靠性更强。

第七，一般来说，头肩顶形态较为平坦，需要较长的时间来完成。而形成头肩顶形态所用的时间越长，后市下跌的空间可能越大。

第八，头肩顶形态可能演变成多个头部或多个肩部形态，但是其基本的技术含义并没有改变，并不影响作为头肩顶形态进行研判。

如图 6-15 所示，2015 年 10~11 月，中国卫星（600118）的收盘价走势图上出现了头肩顶形态。

2015 年 10 月下旬，中国卫星经过剧烈的震荡整理，重新开启了上涨行情。

2015 年 10 月 30 日，该股股价到达相对高点后回落，从而形成了头肩顶的左肩。

经过三天的短暂回调，该股再次上冲并于 11 月 9 日创出新高，之后股价又一次回落，从而形成了头肩顶形态的头部。

其后，该股再次出现反弹走势，不过这次的反弹仍然乏力。11 月

23日，该股再次从高点回落。这时，拥有丰富经验的投资者已经能够研判出股价走势可能出现头肩顶形态，因此可能在右肩形成的过程中就选择逃顶。

2015年11月27日，股价跌破支撑线（颈线），至此，头肩顶形态构筑完成，第一个明确的卖点出现，投资者应果断卖出持有的股票。

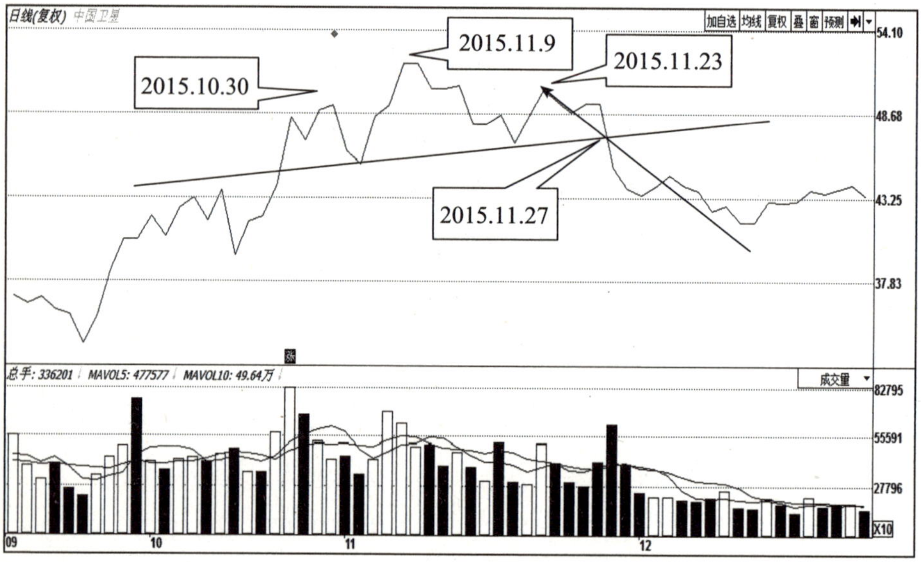

图 6-15 中国卫星日收盘价线走势图

三、三重顶形态及其交易含义

三重顶，又称三尊头，出现在一段上涨行情的末尾，其形态表现为：股价在高位波动中，经历三次上升，但都在高点遇阻回落，从而形成了三个价格高峰，这三个高峰的顶点大致处于同一价位，如图6-16所示。

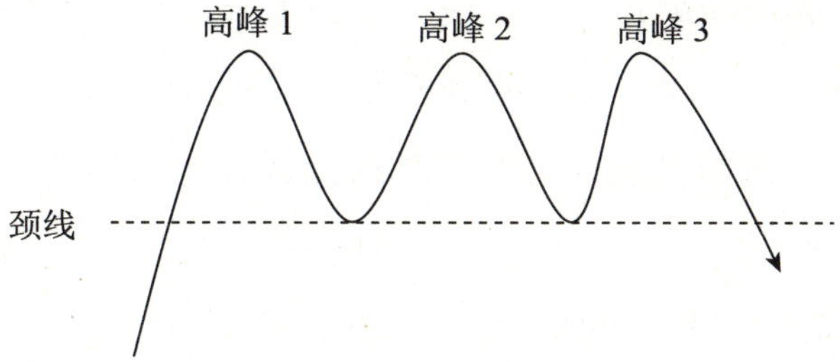

图 6-16 三重顶形态

三重顶形态既可视为头肩顶形态的变异，又可看作双顶形态的扩展。相对于头肩顶形态和双顶形态，三重顶形态比较少见，却是非常强势的反转形态，该形态形成后的下跌力度是三种形态中最强的。

将三重顶两次回落的低点相连，便是三重顶的颈线。与头肩顶和 M 顶一样，只有股价跌破颈线后，才能确认三重顶形态有效。

以道氏理论解读，第二个顶和第三个顶都没有创出新的高点，也就进一步强化了趋势将迎来转折的信号。与双顶形态和头肩顶形态相似，这种转向有可能属于主要运动的转向，也有可能属于次级运动。

三重顶形态是强烈的转势形态，在该形态的构筑过程中，多方力量逐渐枯竭，空方力量开始凝聚，该形态的出现表示未来将有一轮可怕的下跌行情。

第一，三重顶形态是可靠的看跌信号，投资者看到此形态后应考虑卖出。

第二，在三重顶形态尚未完成时，如果前两次上攻失败，第三次上攻时成交量萎缩，或是未能达到之前的高度，则说明多方缺乏上攻动能，形成三重顶形态的可能性极大。此时，投资者应该进行减磅操作。

第三，股价跌破颈线位置时，表明三重顶形态已经构筑完成，投资者应尽快卖出手中的股票。

第四，股价跌破颈线后，也可能在不久之后回抽到颈线附近予以确认，如图 6–17 所示。这时股价往往会受阻再度下跌，对投资者来说，这仍是一次卖出的良机，仍然持股的投资者应该将手中的股票全部沽清。但这一回抽动作并不一定会出现，所以投资者千万不能有等到回抽之后再“孤注一掷”的想法。

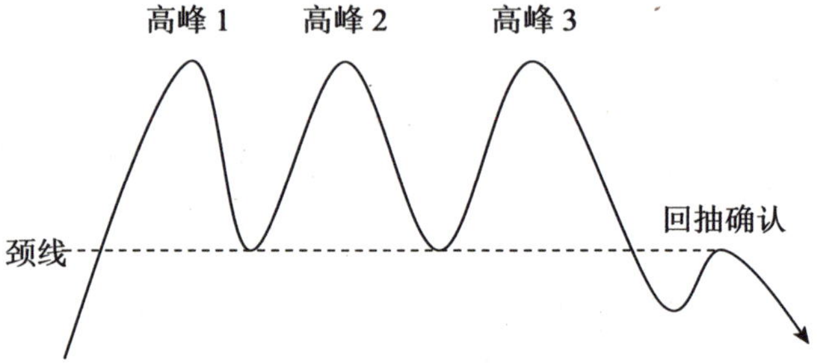

图 6–17 三重顶形态回抽确认

第五，在三重顶的三次回落过程中，成交量要呈现逐次缩小的态势，否则极有可能造成形态失败。而在最后一次回落时，如果成交量非常小，则更能预示下跌行情。

第六，三重顶形成的时间越长，顶部成交量越大，说明见顶的可能性越大，后市下跌的空间越大。

第七，三重顶的最高点与颈线之间的垂直距离越大，通常表示未来股价下跌的幅度越大。

第八，如果在低价位区域出现与三重顶类似的形态，那么极有可能是上涨中继的矩形整理形态，这时投资者切勿将其按照三重顶形态操作。

如图 6–18 所示，2017 年 7~10 月，青山纸业（600103）的日收盘价线走势图上出现了三重顶形态。

2017年7月，青山纸业的股价在纸张价格上升的利好刺激下出现了一波上攻走势。其后，该股股价进入顶部区域。在顶部区域的波动中，该股分别于7月19日、8月14日、9月13日三次触顶回落。投资者可将股价回调向上的低点连接，构成一根颈线。三重顶形态正式形成。

2017年9月22日，该股在前一交易日下跌的基础上再度低开低走，这根阴线跌破了三重顶的颈线位。投资者应该在当日或次日卖出部分股票，轻仓观望。

该股经过几个交易日下跌后，反弹向上。2017年10月9日，该股股价反弹至颈线位置时，因股价遇阻再次下跌，这是该股最后的卖出机会。如果投资者还有剩余股票，应该马上将仓位清空。

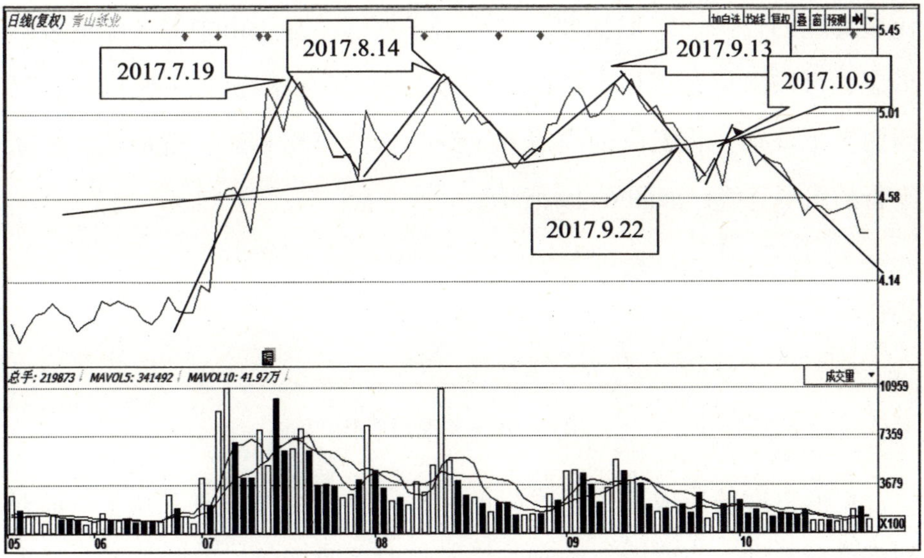

图6-18 青山纸业日收盘价线走势图

第三节 线态窄幅盘整与次级运动的变形

在道氏理论中线态窄幅盘整是一种比较特殊的形态，它既可以在主要运动中出现，也可能在次级运动中出现，而且线态窄幅盘整也可能呈现其他不同的形态。本节将介绍几种常见的经典盘整形态，包括矩形整理形态、三角形整理形态、楔形整理形态等。

一、矩形整理形态及其交易含义

在所有线态窄幅盘整行情中，矩形整理形态出现的频率较高，是比较经典的形态。矩形整理，又称箱形整理，是股市中最典型的整理形态，可以出现在任何行情中，该形态表现为：股价在一定的价位区间内上下波动，将上涨的高点和下跌的低点分别相连，就形成了两条平行的水平直线，如图 6-19 所示。

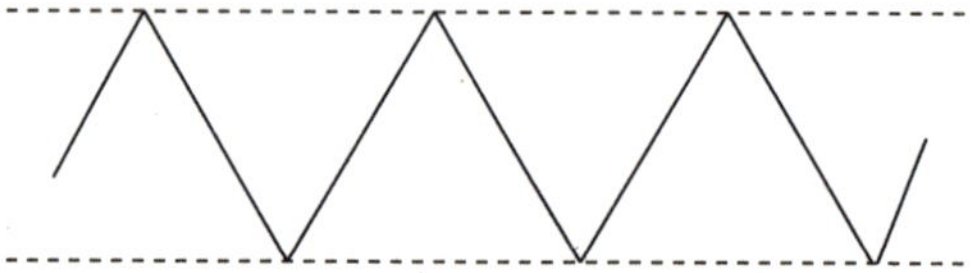

图 6-19 矩形整理形态

矩形整理的形成经历了这样的过程：股价在上涨或下跌了一段时间后横向移动。当股价上涨到某一高点时遇阻回落，下跌到某一低点时获得支撑而回升，然后每次回升到前一高点附近都会受阻回落，而每次回落到前一低点附近时又止跌反弹，如此反复，便形成了一条水平的整理通道。

矩形是一种冲突均衡整理形态，显示多空双方互不相让、你争我夺，由于双方实力相当，所以基本在这一范围内达到了均衡状态。当然，出现这种形态有时也可能是庄家为了吸筹或出货有意控制波动幅度。

矩形的上边线是股价的阻力线，下边线是股价的支撑线，一旦股价有效突破其中的任意一条线，标志着矩形形态构筑完成。

矩形整理形态可能作为一次次级运动出现，也可能作为一次主要运动出现。

矩形整理形态的出现表示多空双方在战斗中互有胜负，保持着势均力敌的僵持局面。如果某一方力量削弱，而另一方力量加强，这种僵局便会被打破。

第一，绝大多数情况下，矩形整理形态表现为一种中继形态，表示股价经过整理后仍然会按照原来的趋势运行。但是矩形整理出现后，投资者仍需要根据股价的历史走势和其他技术指标判断其是否有演变成反转形态的可能。

第二，矩形整理形态常常是在庄家强行洗盘下形成的，上边的阻力线是庄家预定的洗盘位置，下方的支撑线是护盘底线，因而该形态出现在上涨途中的概率较大，也是最有价值的。

第三，当矩形整理形态出现在深跌之后的低价位区域，通常表现为反转形态，是潜伏底的变形。

第四，在矩形整理没有形成有效突破之前，如果矩形的上下边线距离较远，那么投资者可以在前期采取高抛低吸的策略；如果矩形的波动幅度较小，那么投资者最好保持观望。

第五，经过一段时间的横向整理，当股价向上有效突破矩形的上边线，表示多方开始占据优势，投资者可以考虑买入股票，并将止损位设在矩形的上边线上；当股价向下有效突破矩形的下边线，表示空方开始占据优势，投资者应该考虑卖出股票。

第六，股价形成有效突破的标准是，股价突破边界线后的涨幅或跌幅不小于3%，或者股价连续三天没有重新回到矩形区域内。

第七，在矩形整理形态形成的过程中，成交量应该不断缩小。特别是从高点回落时，成交量必须呈现逐渐萎缩态势。

第八，股价向上突破矩形的上边线时，必须伴随成交量的放大才有意义，向下突破时则不必有成交量的配合。

第九，矩形整理形态作为中继形态出现，股价在突破后可能有回抽动作，如果在回抽过程中，股价没有回到原来的矩形整理区间，则是投资者第二个买入或卖出的机会，如图6-20所示。不过，这一回抽动作有时候并不会出现，所以投资者不能把它作为唯一的买卖点。

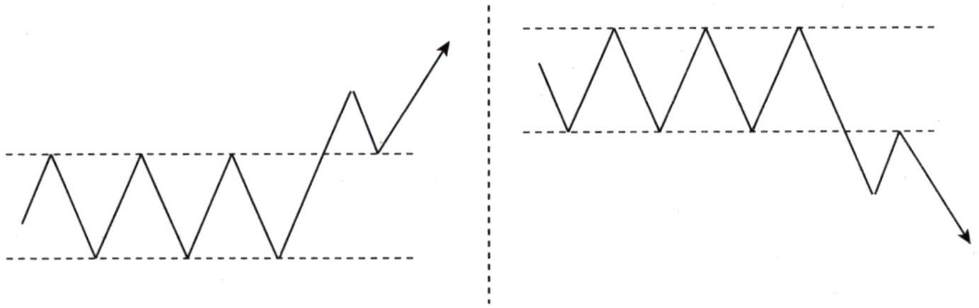

图6-20 矩形整理形态回抽动作

第十，矩形整理形态形成的过程中，成交量一直持续在较高的水平，则有可能是庄家托盘出货，即使之后向上突破，也可能是一个诱多陷阱，投资者要对此多加提防。

第十一，根据经典理论，矩形整理完成后，股价的上升或下跌空间至少应该等于矩形的高度，但实战操作中会有一定的出入。不过，可以确信的是，这一高度越高，后面的上涨或下跌空间越大。

第十二，矩形整理形态的形成时间要比三角形、旗形等整理形态长，通常超过 4 周（20 个交易日）。矩形整理的时间越长，完成突破后上涨或下跌的幅度越大。

如图 6-21 所示，2014 年 12 月到 2015 年 3 月，云天化（600096）的日收盘价走势图上出现了矩形整理形态。

2015 年 1 月 7 日，云天化收出一根带上影线的阳线，当天的最高价也成为短期内的高点。之后该股开始回落并在前期的密集成交区域得到支撑后反弹，从而形成一个低点。然后，股价便一直在高点和低点之间的水平通道中运行，形成矩形整理形态。

2015 年 3 月 9 日，该股放量突破矩形的上边线。此时，投资者可以买入股票，持股待涨。3 月 16 日，该股回抽到矩形的上边线附近获得支撑，再次上涨，此时投资者可加仓买入。

从图 6-21 中可以看出，此次矩形整理形态本身就是以牛市为主要运动中的次级运动。而本应下跌的回调运动却走出了矩形整理形态，更可增加股价未来继续走高的可能。

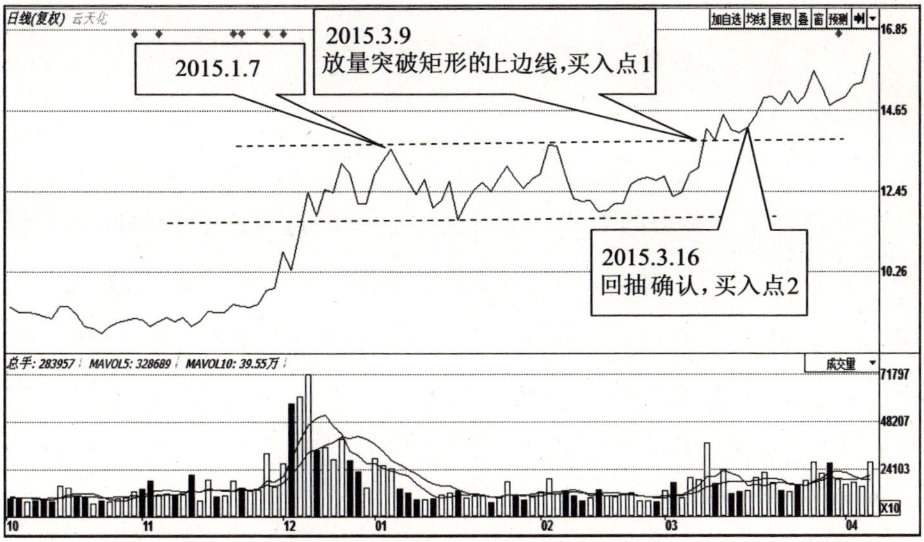

图 6-21　云天化日收盘价线走势图

二、上升三角形及其交易含义

上升三角形更多的时候会在主要运动为上升趋势中的次级运动中出现。它的出现通常能够延缓股价的上攻趋势，但很少改变股价之前的运动方向。

上升三角形通常出现在上涨途中或下跌末期，该形态具有以下特征：股价在反复震荡过程中，每次上涨的高点基本处于同一水平位置，而每次回落的低点不断上移。随着形态发展，股价波动的幅度越来越小，即高点和低点逐渐靠拢。如果将这些高点和低点分别用直线连接，就形成了一个向上倾斜的三角形，如图 6-22 所示。

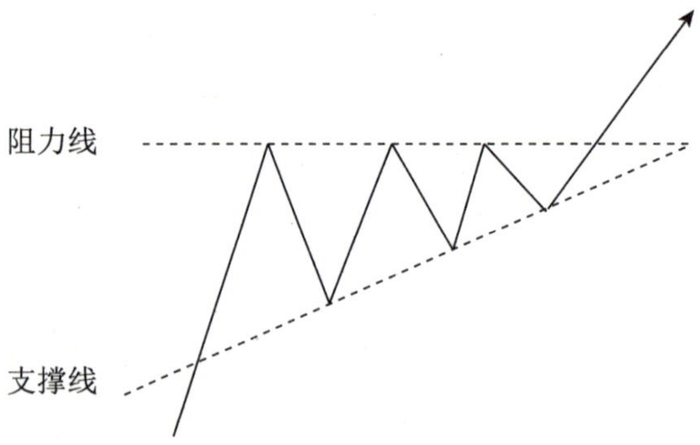

图 6-22 上升三角形形态

上升三角形形态的形成一般经历了这样的过程：股价每次上升到某一价位后，便会因上方抛压沉重而回落，从而在上方形成了一根阻力线。但由于市场看好该股，所以股价每次都会在低点反弹，且这些低点的位置越来越高，这一态势瓦解了空方的斗志。最终，股价在多方的强力推动下实现了对阻力线的突破，上升三角形形态正式形成。

上升三角形是一种常见的整理形态，该形态的出现说明买方力量不断加强，卖方力量却在逐渐衰弱，预示着市场有可能进入多头行情。

第一，上升三角形在上涨行情中出现，通常表现为中继信号；在下跌行情中出现，则具有一定的转势意味。因此，一旦股价放量突破上升三角形的上边线，投资者就应该果断买入。

第二，上升三角形的上边线一开始是阻力线，被突破后就变成了支撑线。因此，参照形态买入股票的投资者应该将止损位定在上升三角形上边线上。

第三，股价向上突破上升三角形后可能有一次回抽，以确认突破是否有效，如图 6–23 所示。如果股价在三角形的上边线止跌回升就证明突破有效，投资者可在股价回升时迅速买入；如果股价又重新回到三角形内，则表示形态失败，投资者应及时止损。不过，这种回抽动作有时并不会出现。

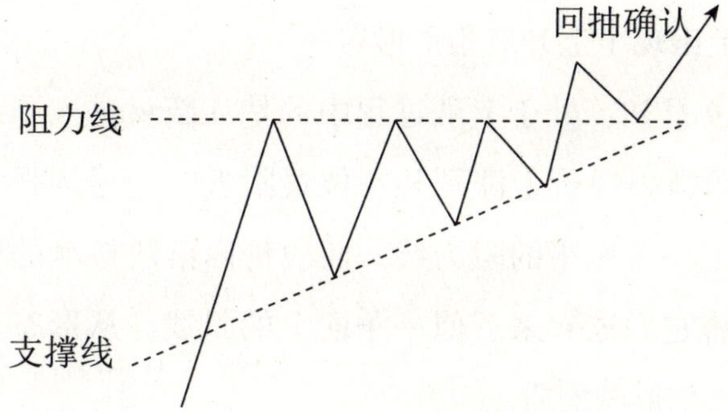

图 6–23　上升三角形形态回抽确认

第四，通常在上升三角形形成的过程中，成交量会不断萎缩，但在向上突破时，成交量明显放大。如果在突破时没有成交量的配合，那么看涨信号的可靠性将降低，投资者最好仍保持观望。

第五，上升三角形形态常被庄家用来故意打压股价，目的是在震荡走势中更多地吸收浮筹。

第六，一般情况下，上升三角形高点与低点之间的最大垂直距离越大，后市上涨的空间越大。

第七，上升三角形完成时间不应过长，也不应在股价达到三角形上边线时才突破，否则股价突破后，上涨空间有限，甚至可能演化成横盘整理走势。

第八，上升三角形在绝大多数情况下是向上突破的，但个别情况下也可能跌破支撑位。一旦向下破位，持币的投资者不宜介入，而持股的投资者可暂时离场。

第九，当上升三角形出现在高价位区域，股价却迟迟不能突破上边线时，走势极有可能演变成双顶或三重顶等顶部三角形形态，这时投资者应减仓以回避风险。

如图 6-24 所示，2014 年 9~10 月，楚江新材（002171）的日收盘价线走势图上出现了上升三角形形态。

2014 年 9 月初，处于上涨过程中的楚江新材进入了线态窄幅盘整行情。在此阶段，股价上涨到某一位置附近时会遇到强大的阻力，因而上方形成了一条水平的阻力线，而股价回落所接触的低点呈现逐渐升高趋势，将它们连起来近似一条向上的斜线。从形态上看，股价具有形成上升三角形的潜质。

2014 年 10 月 14 日，该股在开盘后不久就被放量拉升，当股价突破三角形上边线时，投资者应果断买入。次日，该股在前一日大涨基础上跳空高开，盘中虽偶有回调，但很快重归上涨通道，此时投资者可以加仓买入。

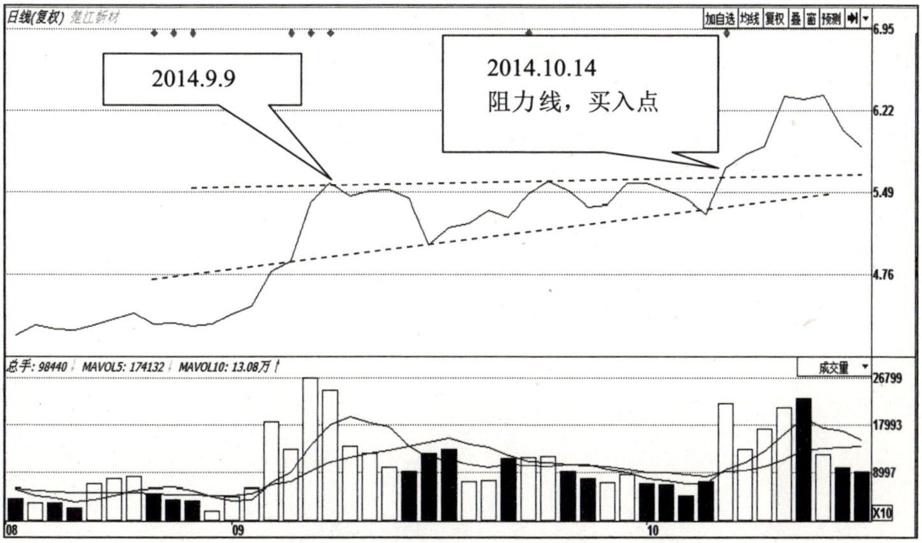

图 6-24 楚江新材日收盘价线走势图

三、下降三角形及其交易含义

下降三角形更多的时候会在主要运动为下降趋势中的次级运动中出现。它的出现通常能够延缓股价的下跌趋势，但很少改变股价之前的运动方向。

下降三角形通常出现在下跌途中或上涨末期，该形态具有以下特征：股价在反复震荡过程中，每次下跌的低点基本处于同一水平位置，而每次反弹的高点却不断下移。随着形态发展，股价波动的幅度越来越小，即高点和低点逐渐相互靠拢。如果将这些高点和低点分别用直线连接，就形成了一个向下倾斜的三角形，如图 6–25 所示。

下降三角形的形成一般经历了这样的过程：股价每次下跌到某一价位后，便会因获得支撑而回调，从而在下方形成了一根支撑线。但由于市场看淡该股，所以股价每次都会在高点回落，且这些高点的位置越来越低，这一态势严重打击了多方的意志。最终，股价在空方的强力打压之下跌破了支撑线，下降三角形形态正式形成。

下降三角形是一种常见的整理形态，该形态的出现说明卖方力量不断加强，而买方力量逐渐衰弱，预示着市场有可能进入空头行情。

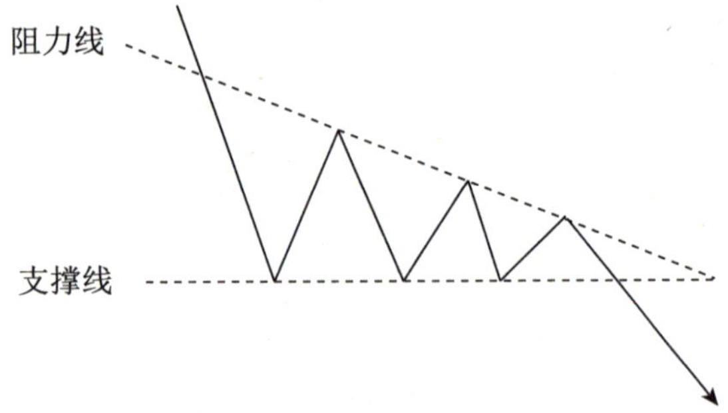

图 6-25 下降三角形形态

第一，下降三角形在下跌行情中出现，通常表现为中继信号；在上涨行情中出现，则具有一定的转势意味。因此，一旦股价跌破下降三角形的下边线，投资者就应该坚决卖出离场。

第二，下降三角形的下边线一开始是支撑线，被突破后就变成了阻力线。之后，股价一旦上升到该线附近，便有可能遇阻回落。

第三，股价向下突破下降三角形后可能回抽，以确认突破是否有效，如图 6-26 所示。如果股价在三角形的下边线受阻回落就证明突破有效，这时仍持有股票的投资者应该选择清空仓位；如果股价又重新回到三角形内，则表示形态构成失败，但这时投资者最好保持观望，不要贸然介入。不过，这种回抽动作有时并不会出现。

第四，通常在下降三角形形成的过程中，成交量不会极度萎缩，有时候甚至会出现量价背离。在向下突破时，成交量也不会有太大的变化。

第五，一般情况下，下降三角形高点与低点之间的最大垂直距离越大，后市下跌的空间越大。

第六，下降三角形在绝大多数情况下是向下突破的，但也有例外情况，一旦股价向上突破，持股的投资者不宜再卖出，而持币的投资者仍应以观望为佳。

第七，下降三角形完成时间一般不会太长，如果股价持续整理，迟迟没有实现向下突破，那么走势极有可能演变成双底或三重底等类型的底部三角形形态。这时，投资者最好不要轻易卖出股票。

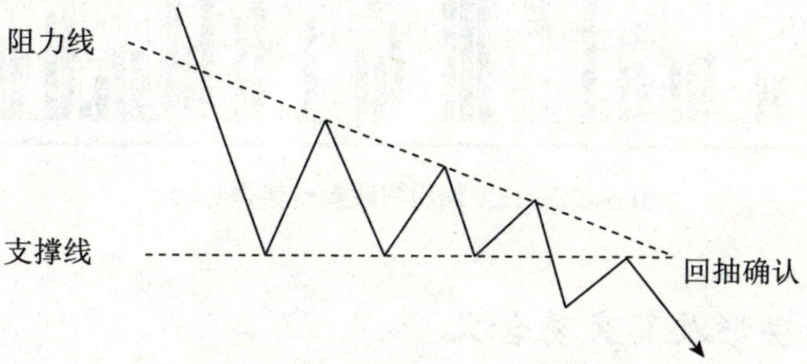

图 6-26 下降三角形形态回抽确认

如图 6-27 所示，自 2015 年年中起，日发精机（002520）的股价就进入了下行通道，出现了下降三角形形态。在这段时间，日发精机开启了震荡下跌行情。反复震荡的过程中，股价几乎在同一趋势线上获得支撑，而反弹所形成的高点越来越低，说明多方已经有些力不从心。

2015 年 8 月 24 日，日发精机的股价跌破了下降三角形的下边线（支撑线），这预示着股价将加速下跌，投资者应及时卖出。

其后，日发精机股价虽两次反弹，但每次反弹的高点均未突破三角形下边线，这两次反弹的高点就是投资者最后的卖出机会。

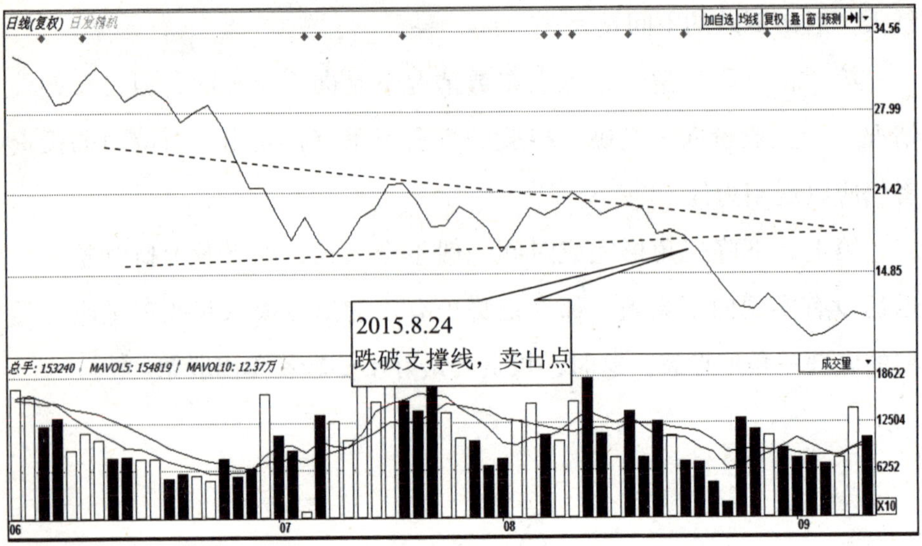

图 6-27 日发精机日收盘价线走势图

四、上升楔形及其交易含义

上升楔形与下降三角形相似，它会在主要运动为下降趋势中的次级运动中出现。它的出现通常能够延缓股价的下跌趋势，但很少改变股价之前的运动方向。

上升楔形，又称上倾楔形，通常出现在下跌行情中，该形态表现为：在股价下跌过程中出现了一小段向上的震荡整理行情，将反弹的高点和回落的低点分别用直线相连，两条直线方向相同且呈收敛状，从而形成一个向上倾斜的楔形形态，如图 6–28 所示。

与三角形形态一样，楔形形态的股价走势同样是逐渐收敛的，不同的是，楔形的上下两条边界线的方向相同，而三角形的上下两条边界线的方向并不一致。

上升楔形虽然是向上倾斜的，似乎是说明上方抛压并不严重，但新的反弹较前面的反弹波幅呈缩小的态势，表示买盘力量正在被消化，同时成交量逐渐萎缩也有效证明了多方上攻意愿不强。因此，可以认为这种形态只是下跌途中的技术性反弹，并没有强力的多头想要抬升股价。

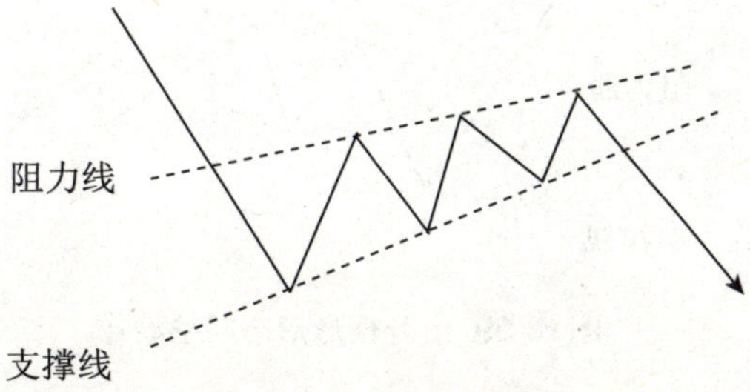

图 6-28　上升楔形形态

有时，上升楔形会成为庄家制造诱多陷阱的手段。庄家会利用这一形态故意拉高股价诱骗散户买入，以达到出货的目的。

在下跌行情中出现上升楔形，一般只是投资者低位补仓或操作所致，不会影响下跌趋势的发展。因此，该形态通常表现为下跌中继信号。

第一，在上升楔形形成的前半阶段，投资者可以按照楔形的上下边线进行高抛低吸操作，即在股价跌到下边线时买入，涨到上边线时卖出。但是到了后半阶段，波动幅度已经很小，这时投资者最好不要进行波段操作。

第二，当股价逐渐接近顶点，成交量越来越少，这种价升量减的背离现象说明上涨势头不会持久，看到这种情形，持股的投资者可以考虑逢高卖出。

第三，当股价跌破上升楔形的下边线，表明上升楔形正式完成，投资者应该尽快将手中的股票抛空。

第四，上升楔形完成向下突破后，股价往往会急速下跌，但有时也会出现向上的回抽动作，如图 6-29 所示。出现回抽时，空仓的投资者不宜介入，仍然持股的投资者则应该抓住这一机会将剩余的股票全部卖出。

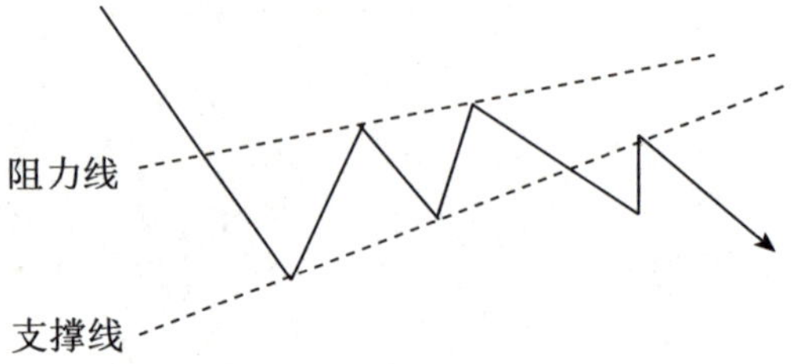

图 6-29 上升楔形形态回抽动作

第五，上升楔形在形成过程中，成交量一般会呈持续萎缩状态。在向下突破时可能有成交量的配合，也可能没有。如果股价上升的过程中，成交量持续放大，则不能看作上升楔形，而应该视为反转形态。

第六，上升楔形形成的时间较长，一般至少需要三周（15 个交易日），有时甚至持续3~6个月。持续的时间越长，下跌信号的可靠性越强，之后股价下跌的力度越大。

如图 6-30 所示，2015 年 7 ~ 8 月，维维股份（600300）的日收盘价线走势图上出现了上升楔形形态。

2015 年 6 月 15 日，维维股份开启了一波下跌行情。7 月 7 日，该股大幅上涨，然后股价进入了整理行情。在波动中，该股反弹的高点和回落的低点都有逐渐上升的趋势，且高点的连线和低点的连线呈收敛状，从而形成了一个上升楔形形态。

这一上升楔形的上边线比下边线更趋于水平，且形态形成过程中成交量一直维持在较低的水平。

2015 年 8 月中旬，该股股价连续向上拉升，成交量随之放大，给人一种即将大涨的感觉，但当股价向上触及上升楔形的上轨后，立即反转向下，并于 8 月 21 日跌破上升楔形的下轨，这说明之前的上攻完全是主力的诱多行为，此时，投资者宜卖出。

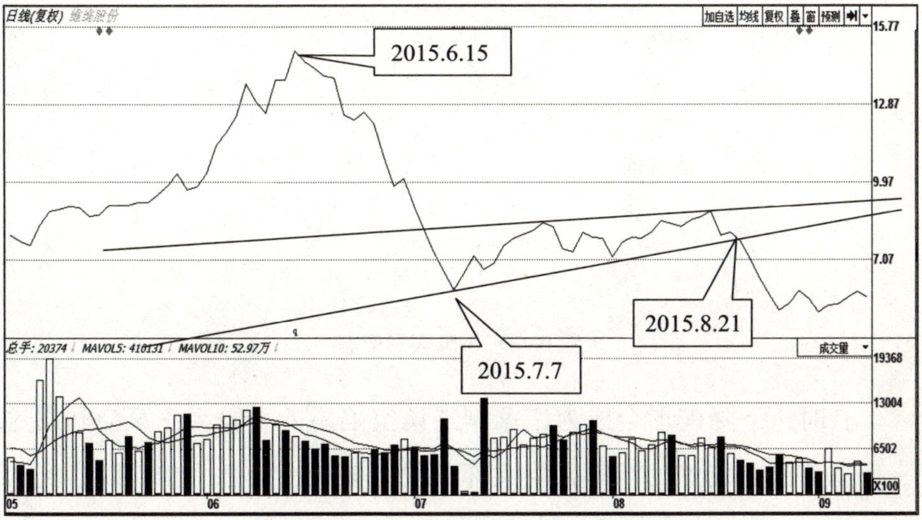

图 6-30 维维股份日收盘价线走势图

五、下降楔形及其交易含义

下降楔形与上升三角形相似，它会在主要运动为上升趋势中的次级运动中出现。它的出现通常能够延缓股价的上涨趋势，但很少改变股价之前的运动方向。

下降楔形，又称下倾楔形，通常出现在上涨行情中，该形态表现为：在股价上升过程中出现了一小段向下的震荡整理行情，将反弹的高点和回落的低点分别用直线相连，两条直线方向相同且呈收敛状，从而形成一个向下倾斜的楔子形态，如图 6-31 所示。

下降楔形虽然是向下倾斜的，似乎是说明市场的承接力不强，但新的回落较前面的回落波幅呈缩小的态势，说明卖盘力量正在被消化，同时成交量的逐渐萎缩也有效证明了上方抛压在减弱。因此，可以认为这种形态只是上涨行情中的获利回吐，并没有强力的空头想要打压股价。

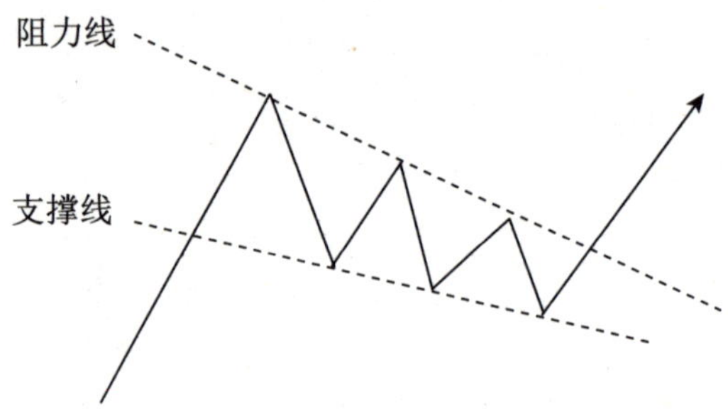

图 6–31 下降楔形形态

有时，下降楔形会成为庄家制造诱空陷阱的手段。庄家会利用这一形态清洗市场中的浮筹，将大部分股票集中在自己手中，以达到为股价的大幅上扬夯实基础的目的。

在上涨行情中出现下降楔形，只是前期获利的投资者的卖出行为所致，一般不会影响上升趋势的发展。因此，该形态通常表现为上涨中继信号。

第一，在下降楔形形成的前半阶段，投资者可以按照楔形的上下边线进行高抛低吸操作，即在股价涨到上边线时卖出，等到股价跌到下边线时再买入。但是到了后半阶段，波动幅度已经很小，投资者就必须坚定持有股票。

第二，在下降楔形的后半阶段，也就是形态快要完成之前，投资者无论是持股还是持币，都应该保持观望，不要轻举妄动。日后，一旦发现股价突破下降楔形的上边线，投资者便可积极买入。

第三，下降楔形完成向上突破后，可能会向下回抽，如图 6–32 所示。如果股价在楔形的上边线获得支撑，则证明突破有效，投资者可再度买入；如果股价跌破这一位置，投资者则需要考虑斩仓止损。

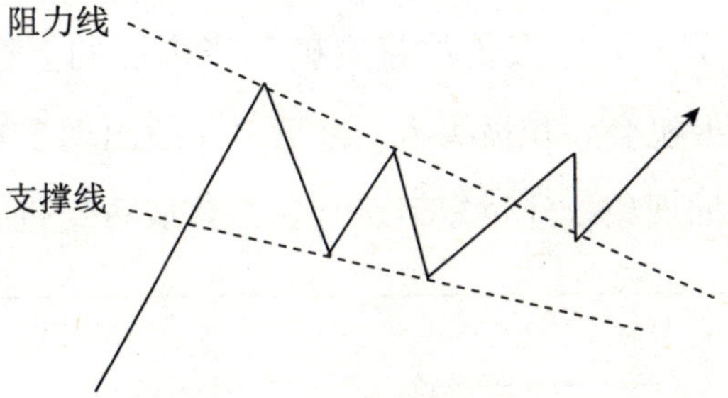

图 6-32 下降楔形回抽

第四，参照下降楔形买入股票的投资者，应该将止损位定在楔形的上边线。

第五，下降楔形在形成过程中，成交量一般会呈持续萎缩状态，但是在突破上涨时，却应该有成交量的放量配合，否则会影响看涨信号的可靠性。

第六，下降楔形的形成时间较上升楔形稍短，但是也至少需要两周（10 个交易日）。

如图 6-33 所示，2017 年 4~6 月，天齐锂业（002466）的日收盘价线走势图上出现了下降楔形形态。

2017 年 4 月 17 日，处于上涨行情中的天齐锂业冲高回落，这说明多方力量不足。

此后，该股股价进入整理走势。在波动中，该股反弹的高点和回落的低点都有逐渐下降的趋势，并且高点的连线和低点的连线呈收敛状，从而形成了一个下降楔形形态。

下降楔形的下边线比上边线更趋于水平，且成交量在形态形成过程中逐渐萎缩，因而可以认为下方存在较强的支撑，股价很可能在调整结束后重回上升轨道。这时，持股的投资者不宜卖出，而持币的投资者应该对其保持关注。

2017 年 6 月 9 日，股价放量突破下降楔形的上边线，买点出现。投资者应该把握机会，积极买入。之后，该股出现了短期的横向移动，而没有出现回抽现象。经过短暂调整后，该股重新进入上升通道。

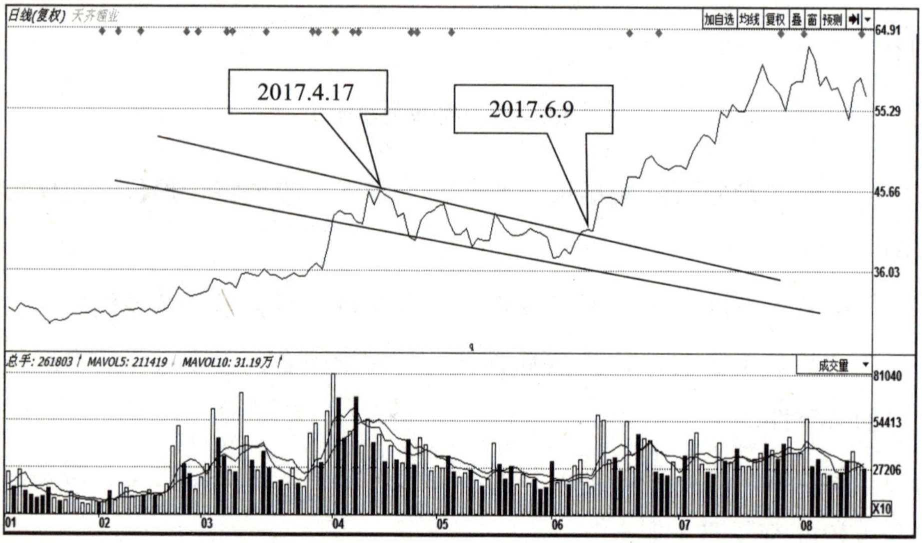

图 6-33 天齐锂业日收盘价线走势图

第七章
趋势线及其应用技法

趋势线是以道氏理论为基础演化而来的，是由交易者根据当前股价运行状态画出的一条能够对未来股价运行趋势做出预判的直线。本章将重点讲解一些趋势线与道氏理论相关的股市分析技法。

第一节 趋势线的基本绘制方法

趋势线主要包括上升趋势线、下降趋势线和横向趋势线，由于横向趋势线出现的概率较低，且更多的属于线态窄幅盘整的内容，本章不做深入讨论。

一、趋势线的类型：上升趋势线与下降趋势线

股价在运动中如果包含的波峰和波谷都相应地高于前一波峰和波谷，那么就称为上涨趋势；相反，如果包含的波峰和波谷都低于前一波峰和波谷，那么就称为下跌趋势；如果后面的波峰与波谷都基本与前面的波峰和波谷持平，那么就称为振荡趋势，或者横盘趋势，或者无趋势。不过，投资者所绘制的趋势线是无法识别出当前的趋势属于主要运动还是次级运动的。

由于趋势线是以道氏理论为基础设计而成的，所以在绘制趋势线时应以收盘价为主要参考依据。

1. 上升趋势线

上升趋势线指在股价上涨趋势中连接明显的支撑区域（最低价）的直线。一般情况下，上升趋势线一旦形成，会对股价产生一定的支撑作用，如图 7–1 所示。

当股价回调到上升趋势线附近时，往往有大量的买盘涌入，从而使股价再次回升。当股价跌穿趋势线，并且被验证了，那么上升趋势线的支撑作用将会消失。

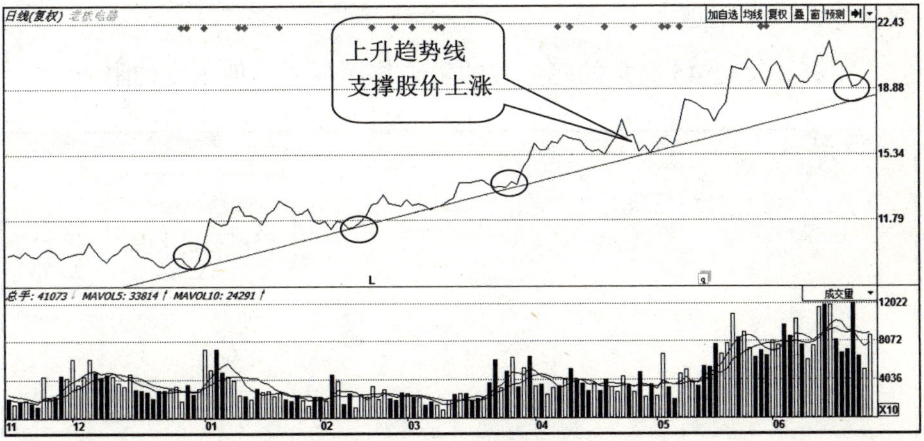

图 7–1 上升趋势线

在所有上升趋势线中，下面三种趋势线更重要。

第一，趋势线涉及的时间越长，它的支撑作用越大。

第二，股价沿趋势线上涨过程中，回调触及趋势线后，上涨的次数越多，其作用越大。

第三，接近 45 度角的趋势线的支撑作用强于其他角度的支撑线。

2. 下降趋势线

下降趋势线指在股价下跌趋势中连接明显的阻力区域（最高价）的直线。一般情况下，下降趋势线一旦形成，就会对股价产生一定的阻力作用，如图 7–2 所示。

处于下跌过程中的股价，每次上涨到下降趋势线附近时，往往会有大量卖盘涌入，从而使股价再次回落。当股价向上突破下降趋势线且被验证为有效，那么下降趋势线的阻碍作用将消失。

在所有下跌趋势线中，下面三种趋势线更重要。

第一，趋势线涉及的时间越长，它的阻力作用越大。

第二，股价沿趋势线下跌过程中，回调触及趋势线后，下跌的次数越多，其作用越大。

第三，接近 45 度角的趋势线的阻力作用强于其他角度的阻力线。

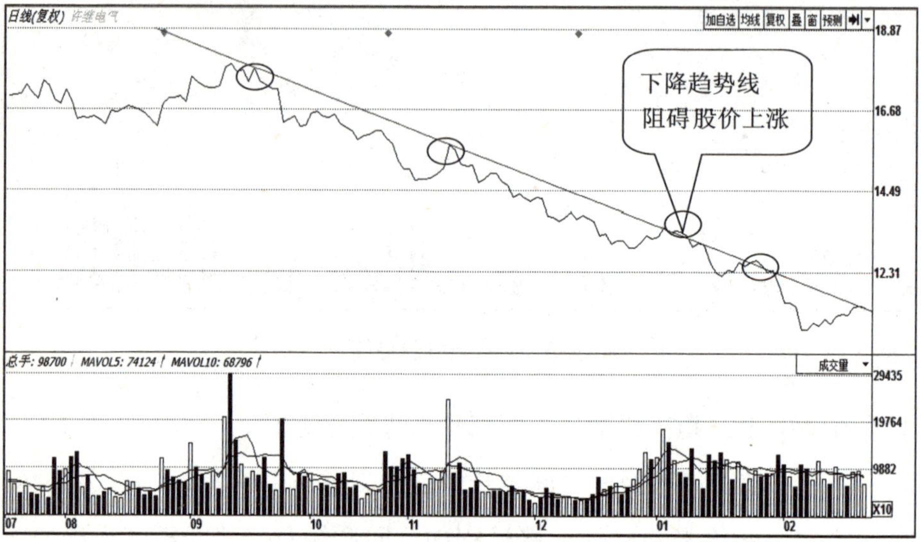

图 7-2 下降趋势线

二、上升趋势线的画法及交易指导意义

上升趋势线是按照道氏理论中关于上升趋势的定义绘制的，即当股价或指数创出的高点高于上一个高点，且股价回调的低点高于上一个低点，则当前处于上升趋势。因而，在绘制趋势线时必须遵循道氏理论的基本原则。

1. 上升趋势线的基本画法

画上升趋势线时，需要掌握以下五个要领。

第一，上升趋势线是以两个回调低点为关键点位所画的直线，因而投资者选择的第二个低点必须高于第一个。通常情况下，这两个回调低点应该是股价两次回调后重新上涨的转折点。

第二，两个回调低点之间必须有一定的距离，不能是两个紧紧相邻的低点。

第三，通过两个回调的低点连线所画的上升趋势线，必须经过第三个低点确认。

第四，画上升趋势线时，必须以收盘价线或K线实体收盘价为基点。

如图7–3所示，许继电气（000400）的股价自2014年下半年出现震荡下跌走势。该股在2014年12月底启动上涨，并于2015年3月5日分别创下了一段时间内的回调低点。同时，2015年3月5日所形成的低点要高于2014年12月30日，这说明该股处于上升趋势中。此时，投资者可以用3月5日的低点与12月30日的低点画出一根上升趋势线。2015年5月15日，股价经过几日回调后到达上升趋势线位置，因受其支撑而重新上涨，说明该趋势线具有一定的支撑作用。

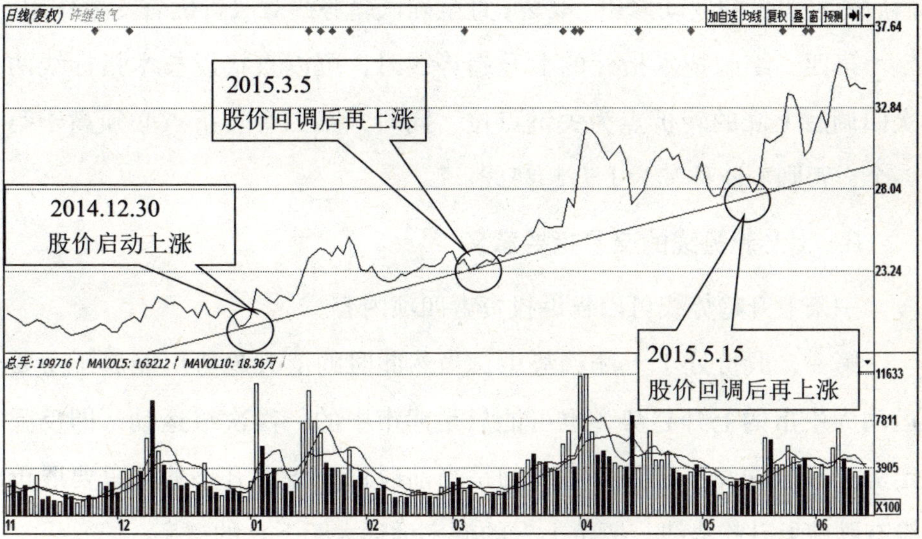

图7–3 许继电气日收盘价线走势图

2. 画上升趋势线的要点

画上升趋势线时，还需注意以下四个要点。

第一，上升趋势线画好后，可能会穿越收盘价线或K线实体，但只要该收盘价线在次日能够回归上升趋势线上方或K线实线没有完整地位于趋势线以下就可以认定该趋势线有效。事实上，股价在回调过程中形成的短期底部，往往相邻的几根收盘价线或K线价格会趋近，这时，我们选择其中的最低价与其他低点相连时，不可避免地会穿越收盘价线或某根K线的实体。

第二，绘制上升趋势线时，还要考虑股价的除权、除息等问题。如果一只股票近期（即绘制趋势线所跨越的周期）出现除权或除息，投资者在绘制股价上升趋势线前应该将其复权，再绘制上升趋势线。

第三，保险起见，针对一波上涨行情，投资者可画多条上升趋势线，而后随着股价的变动修正、取舍，直至确认趋势线对股价确有支撑作用。

第四，绘制技术指标的上升趋势线时，可以直接以技术指标线两次回调后上涨的转折点为关键点位。同时，第二个转折点必须高于第一个，否则不能称其为上升趋势线。

3. 上升趋势线的交易指导意义

一条上升趋势线可以告诉投资者四项内容。

第一，股价处于上涨趋势中，当然此时的上升趋势可能属于主要运动为牛市的上升趋势，也可能只是熊市中的一次次级运动，即反弹走势。不过这并不重要，重要的是当前股价处于上升态势，只要股价没有跌破上升趋势线，股价上升的概率远远大于下跌的概率。

第二，股价沿趋势线上升的末端往往会有一段加速上涨行情，即股价回调低点要远远高于上升趋势线预设的价位，此时投资者可持股待涨，避免操作。

第三，股价沿趋势线上升时，如果波段范围不大，投资者应耐心持股，避免频繁交易。

第四，股价沿趋势线上升时，如果有效跌破趋势线，则必须及时卖出。

三、下降趋势线的画法及交易指导意义

下降趋势线是按照道氏理论中关于下跌趋势的定义绘制的，即当股价或指数创出的低点低于上一个低点，且股价反弹的高点低于上一个高点，则当前处于下降趋势。因而，在绘制趋势线时必须遵循道氏理论的基本原则。

1. 下降趋势线的基本画法

画下降趋势线时，需要掌握以下四个要领。

第一，下降趋势线是以两个反弹高点为关键点位所画的直线，因而投资者选择的第二个高点必须低于第一个。通常情况下，这两个反弹高点应该是股价两次反弹后重新下跌的转折点。

第二，两个反弹高点之间必须有一定的距离，不能是两个紧紧相邻的高点。

第三，通过两个反弹的高点连线所画的下降趋势线，必须经过第三个高点确认。

第四，画下降趋势线时，必须以收盘价线或K线实体收盘价为基点。

如图7–4所示，华通热力（002893）从2018年5月22日开始走出了一波下跌行情，股价沿下降趋势线运行。2018年5月22日，华通热力以涨停价收盘后，次日股价开始下跌。2018年6月13日，该股经

过几个交易日下跌后，反弹形成一个高点后再次下跌，此时，投资者可以用这一高点与股价启动前形成的前一高点画一根下降趋势线。7月24日，股价盘整几日后到达下降趋势线位置，遇阻再次下跌，说明该趋势线具有一定的阻力作用。

此后，该股一路沿着趋势线下跌，且股价在回调到趋势线附近时，都在下降趋势线的阻力作用下重新下跌。

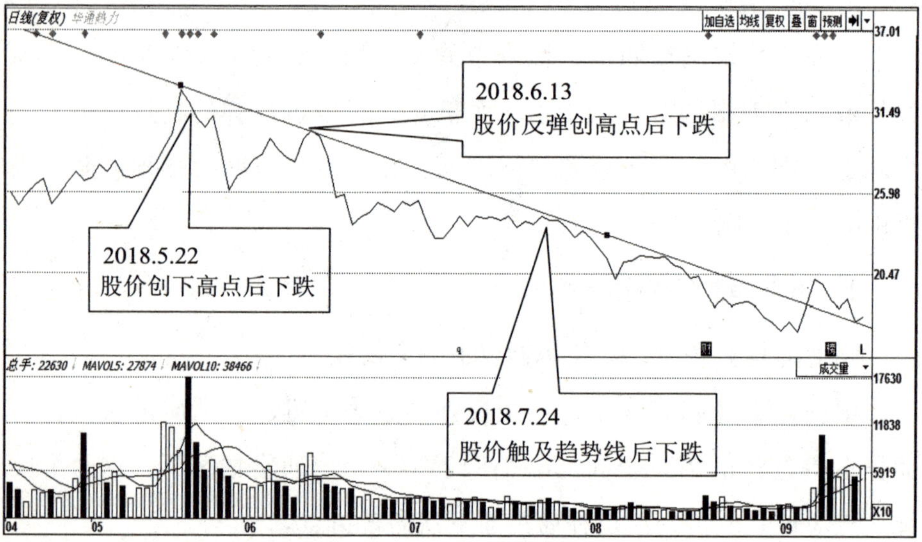

图7-4 华通热力日收盘价线走势图

2. 画下降趋势线的要点

画下降趋势线时，还需注意以下四个要点。

第一，与上升趋势线相似，下降趋势线画好后，可能会穿越收盘价线或K线实体，但只要该收盘价线在次日能够下跌至下降趋势线下方或K线实线没有完整地位于趋势线以上就可以认定该趋势线有效。事实上，股价在反弹过程中形成的短期顶部，往往相邻的几根收盘价线或K线价格会趋近，这时，我们选择其中的最高价与其他高点相连时，不可避免地会穿越收盘价线或某根 K 线的实体。

第二，绘制下降趋势线时，还要考虑股价的除权、除息等问题。如果一只股票近期（即绘制趋势线所跨越的周期）出现除权或除息，投资者在绘制股价下降趋势线前应该将其复权，再绘制下降趋势线。

第三，保险起见，针对一波下跌行情，投资者可画多条下降趋势线，而后随着股价的变动修正、取舍，直至确认趋势线对股价确有阻力作用。

第四，绘制技术指标的下降趋势线时，可以直接以技术指标线两次反弹后下跌的转折点为关键点位。同时，第二个转折点必须低于第一个，否则不能称其为下降趋势线。

3. 下降趋势线的交易指导意义

一条下降趋势线可以告诉投资者四项内容。

第一，股价处于下降趋势中，投资者最好空仓观望。如果股价波动范围较大，投资者可考虑轻仓超短线交易，并设置好止损位，且不可持仓时间过久，以免被套。

第二，股价沿趋势线下降的末端往往会有一段加速下跌行情，即股价反弹高点要远远低于下降趋势线预设的价位，此时投资者可保持观望，股价即将到底。

第三，股价沿趋势线下跌时，如果没有特别强大的外力作用，股价下跌将非常容易，而且还会有加速的迹象。投资者必须学会耐心等待，不能见到股价偏离趋势线距离较大便盲目进场交易，以博取短期收益，因为这可能仅仅是股价加速下跌的信号。

第四，股价沿趋势线下跌时，股票如果放量突破趋势线压制，则可以认定股价有改变运行趋势的可能。投资者宜密切关注股价动向，适时买入。

第二节 趋势线的调整与修正

股价总是处于运动变化之中，因而趋势线也必须随之不断地调整和修正。通常情况下，趋势线的调整和修正包括两种：一是因股价上涨或下跌速度变化而进行的调整，二是因股价对趋势线的突破而进行的调整。

一、因股价速度变化而调整趋势线

股价在沿事先画好的趋势线运行过程中，有时会出现减速上涨或减速下跌的情况，这时，投资者需要考虑修正趋势线，使其适应股价的变化。

1. 上升趋势线的调整及交易指导意义

股价沿某条上升趋势线震荡上涨时，如果股价上涨速度加快或减慢，那么原上升趋势线势必无法准确反映其支撑情况，因此，投资者必须及时调整趋势线。

情况一，上升趋势线变得越来越陡峭。

上升趋势线如果变得越来越陡峭，则说明股价上涨的速度将越来越快。此时，投资者只需持股待涨，无须进行波段交易。

如图 7–5 所示，华峰氨纶（002064）的股价自 2014 年 11 月中旬开始震荡上涨。在此期间，股价每次回调的低点都要高于前一次。投资者可以按照上升趋势线的画法，绘制一条缓慢上行的趋势线。2015 年 3 月 9 日，该股低开高走，其后，股价上涨速度明显加快，股价回调的低点也高于上升趋势线，投资者宜重新绘制一条更陡峭的上升趋势线。2015 年 3 月 30 日，股价在回调过程中小幅下跌，其后，股价再次加速拉升，其回落的低点更高，此时，投资者可以再次调整上升趋势线。2015 年 4 月 20 日，该股股价大幅下跌，这一收盘价线跌破了上升趋势线，此时，投资者宜卖出该股。

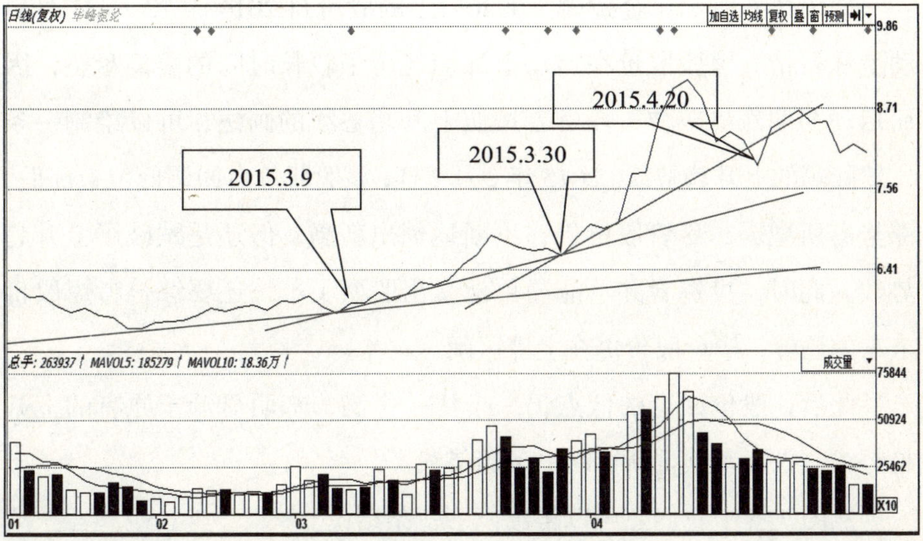

图 7-5　华峰氨纶日收盘价线走势图

从图 7-5 中可以得出以下三条结论。

第一，上升趋势线变得越来越陡峭时，股价上涨的速度也越来越快，这也说明股价即将到达顶部，投资者宜密切跟踪，股价一旦有筑顶迹象，宜迅速撤出。

第二，上升趋势线变得越来越陡峭时，两个关键点位（即上升过程中回调的低点）之间的距离可能越来越近。

第三，调整上升趋势线的角度，本质上是为了提高投资者止盈位的设置（趋势线越来越陡峭，自然卖出点位也随之提升），避免投资者到手的利润白白流失。

情况二，上升趋势线变得越来越平。

股价上涨速度放缓，那么股价有可能跌破上升趋势线，投资者就需要重新绘制上升趋势线。

如图 7-6 所示，金螳螂（002081）的股价自 2014 年 12 月 31 日启动上涨行情。该股股价在启动上涨前经历了较长时间的震荡盘整，因而启动初期涨势较快，投资者按照上升趋势线的画法，可以绘制一条比较陡峭的上升趋势线。2015 年 2 月 2 日，该股股价自回调低位上涨后，涨势有所减弱，尽管股价仍在不断地创出新高，但还是跌破了上升趋势线。此时，投资者并不能简单地卖出股票了事，还要综合考虑股价未来的趋势，毕竟股价仍在上涨区间。

此后，股价回调的低点仍一个比一个高，却明显低于原有的上升趋势线，投资者宜重新绘制一条趋势线。

从图 7-6 中我们还可以得出以下三条结论。

第一，上升趋势线变得越来越平时，说明股价上升的速度越来越慢，这也说明股价将从快牛切换为慢牛，投资者可以做好仓位控制，避免利润损失。

第二，上升趋势线变平时，股价势必落后于上升趋势线，此时，投资者应谨记：股价仍处于上涨阶段，运行趋势并未改变，还可以继续持股。

第三，上升趋势线变平时，投资者可根据自己的操作水平适当参与波段交易，以求获利最大化。

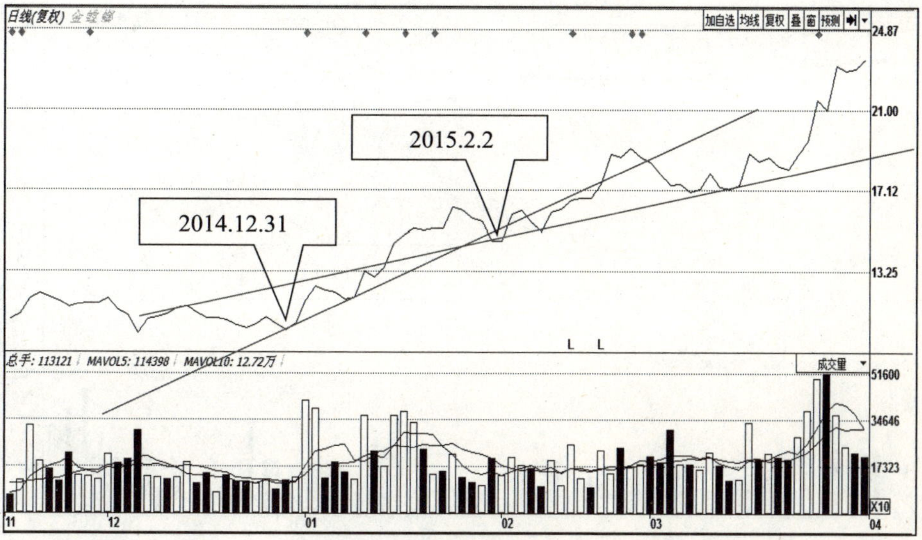

图 7-6 金螳螂日收盘价线走势图

2. 下降趋势线的调整及交易指导意义

股价沿某条下降趋势线震荡下跌时，如果股价下跌速度加快或放缓，那么原下跌趋势线势必无法准确反映其压力情况，因此投资者必须及时调整趋势线。

情况一，下降趋势线变得越来越陡峭。

下降趋势线如果变得越来越陡峭，则说明股价下跌的速度将越来越快。此时，投资者只需密切关注股价变化，空仓观望，切勿买入。

如图 7-7 所示，大洋电机（002249）的股价在 2014 年 7 月 22 日创下一段时间内的高点后震荡下跌。该股股价在下跌反弹过程中形成的高点一个比一个低。投资者按照下降趋势线的画法，可以绘制出一条下降趋势线。2014 年 11 月 11 日，该股大幅下跌。此后，股价出现一轮快速下跌走势，反弹的高点远远低于原趋势线位置，因此，投资者必须重新绘制一条下降趋势线。

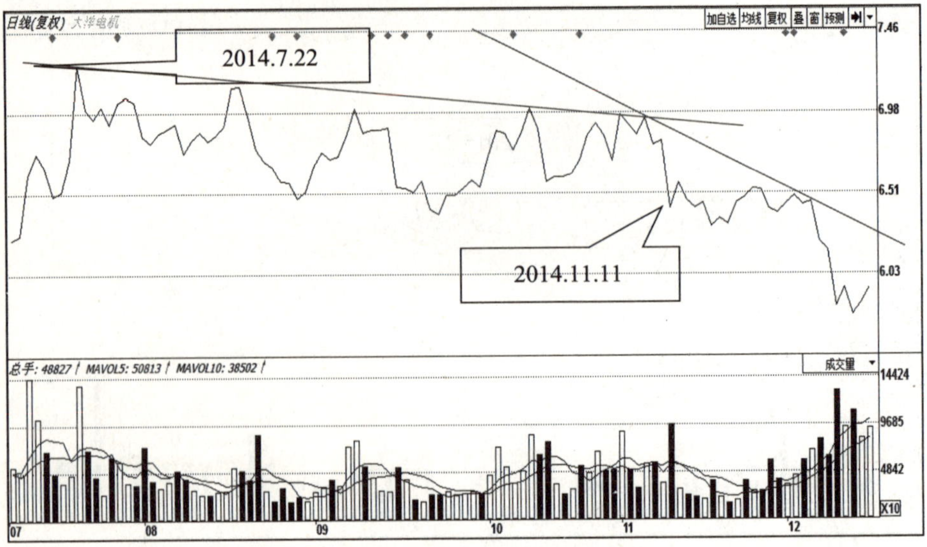

图 7–7 大洋电机日收盘价线走势图

从图 7–7 中我们还可以得出以下三条结论。

第一，下降趋势线变得越来越陡峭时，股价下跌的速度也越来越快，这说明股价即将到达底部，投资者宜密切跟踪，股价一旦出现反转迹象，宜迅速跟进。

第二，下降趋势线变得越来越陡峭时，两个关键点位（即下跌过程中反弹的高点）之间的距离可能越来越近。

第三，只要股价处于下跌趋势中，投资者都不应该参与交易，除非是融券做空。

情况二，下降趋势线变得越来越平。

股价下跌的速度放缓，那么股价有可能突破下降趋势线，投资者只需重新绘制一条下跌趋势线。

如图 7–8 所示，沈阳化工（000698）的股价在 2013 年 10 月 9 日创下阶段高点后，开始启动一波震荡下跌行情。该股股价在下跌初期，下跌态势迅猛，下降趋势线非常陡峭。2013 年 11 月 14 日，该股股价在创下阶段最低价后开始了一波反弹走势，并且股价向上突破了下降趋势线的压制，不过，反弹的高点仍未突破该股前一反弹高点，这说明该股股价仍处于下跌行情中。随后，股价重新开始了一波震荡下跌走势，反弹的高点仍旧一个比一个低。此时，投资者可以重新绘制一条下降趋势线。

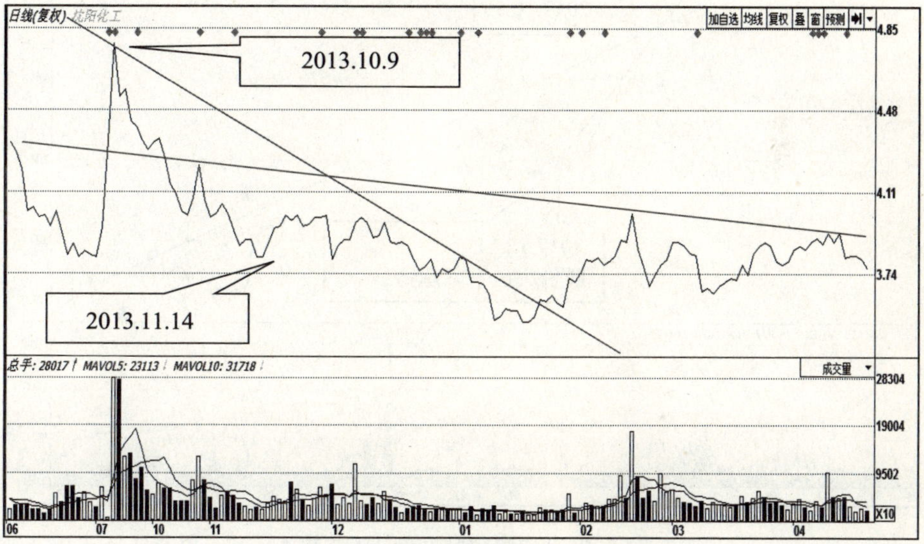

图 7-8　沈阳化工日收盘价线走势图

从图 7-8 中可以得出以下三条结论。

第一，下降趋势线变得越来越平时，股价下跌的速度越来越慢，这说明股价下降趋势还将持续，投资者需保持足够的耐心，切勿过早买入。

第二，下降趋势线变得越来越平时，两个关键点位（即下跌过程中反弹的高点）之间的距离可能越来越远。

第三，尽管下跌速度放缓，但股价处于下跌趋势中，投资者不应该参与交易，即使是融券做空也要谨慎。

二、因股价穿越趋势线而调整趋势线

投资者画好趋势线后，有时股价在上涨或下跌过程中会突破趋势线，这时就要重新调整趋势线以适应股价的变化。

如图 7–9 所示，亚盛集团（600108）的股价从 2017 年 10 月开始启动了一波下跌行情，且股价在下跌过程中突破了下降趋势线。

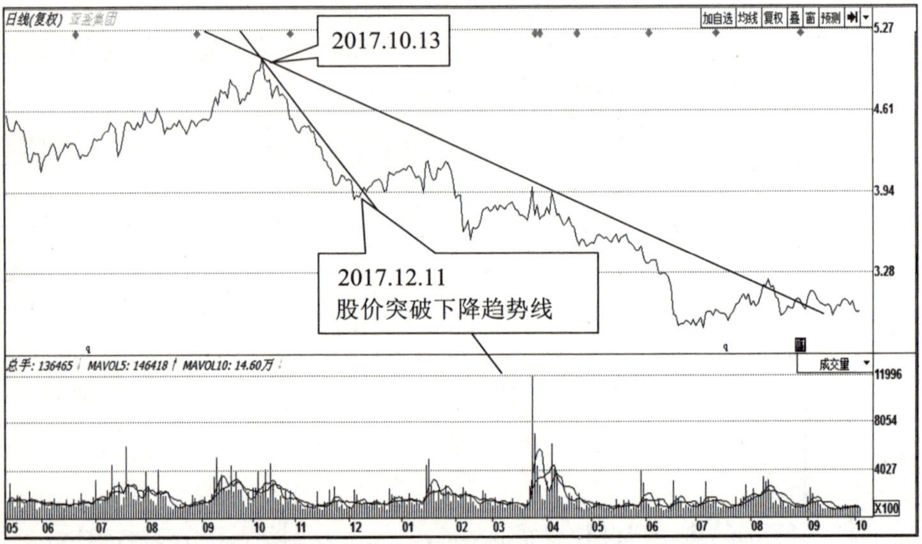

图 7–9 亚盛集团日收盘价线走势图

2017 年 10 月 13 日，亚盛集团的股价在创下一段时间内的最高点后，走出了下跌行情。投资者可以将该股下跌过程中反弹的高点连接成下降趋势线。

2017 年 12 月 11 日，该股小幅上涨，并且当日收盘价线成功向上突破了下降趋势线的压制，投资者宜保持对该股的关注。

随后，该股经历了几个交易日的上涨后，再次下跌，并在下跌过程中出现了新的反弹高点，这时，投资者可以根据股价的变化调整下降趋势线。

股价穿越趋势线时，有两点需要注意。

第一，股价自上而下穿越上升趋势线时，只能说明行情有向坏的可能，还不能认定股价即将下跌，投资者可以卖出半仓股票后保持观望。

第二，股价自下而上穿越下降趋势线时，只能说明行情有向好的可能，还不能认定股价即将开始上涨，投资者不宜买入股票。

第三节 道氏理论与趋势线组合分析技法

趋势线不仅能够描述股价当前的运行趋势，并为投资者交易提供指引，也能够利用股价与趋势的相对位置关系，发出股价运行趋势转向的信号。

一、股价突破趋势线

股价对趋势的突破包括向上突破和向下突破两种。

1. 股价向下突破上升趋势线

通常情况下，股价沿上升趋势线上行，意味着股价正处于牛市行情中，未来继续看涨，但若股价向下跌破上升趋势线，则意味着股价可能转向。

如图 7-10 所示，马应龙（600993）的股价自 2017 年 1 月 16 日开始震荡上涨。该股股价在震荡上升过程中始终沿上升趋势线运行，说明股价处于牛市格局中，投资者可放心持股。2017 年 5 月 5 日，该股股价跌破了上升趋势线，说明股价的牛市格局被打破，未来有转向下跌的可能。

其后，该股的走势也印证了上升趋势线的作用。该股震荡反弹，但7月13日反弹的高点仍低于5月5日下跌之前形成的高点。按照道氏理论中关于趋势转向的定义，可以判断此时股价已经形成熊市格局。

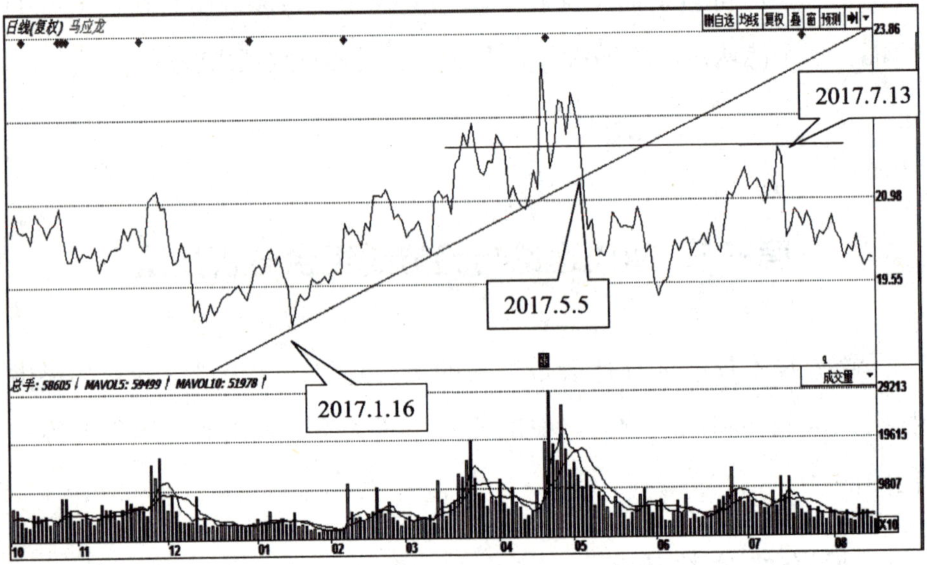

图 7-10 马应龙日收盘价线走势图

2. 股价向上突破下降趋势线

通常情况下，股价沿下降趋势线下行，意味着股价正处于熊市行情，未来继续看跌，但若股价向上突破下降趋势线，则意味着股价可能转向。

如图 7-11 所示，厦门钨业（600549）的股价自 2016 年下半年开始震荡下跌。该股股价在震荡下跌过程中始终沿下降趋势线运行，说明股价处于熊市格局中，投资者宜持币观望。2017 年 6 月 19 日，该股股价向上突破了下降趋势线，说明股价熊市格局有望被打破，未来有反弹的可能。

其后，该股的走势也印证了下降趋势线的作用。该股出现了回调反弹，不过在 7 月 4 日回调的低点仍高于 6 月 19 日反弹之前所形成的低点。按照道氏理论中关于趋势转向的定义，可以判断此时股价已经进入反弹走势。

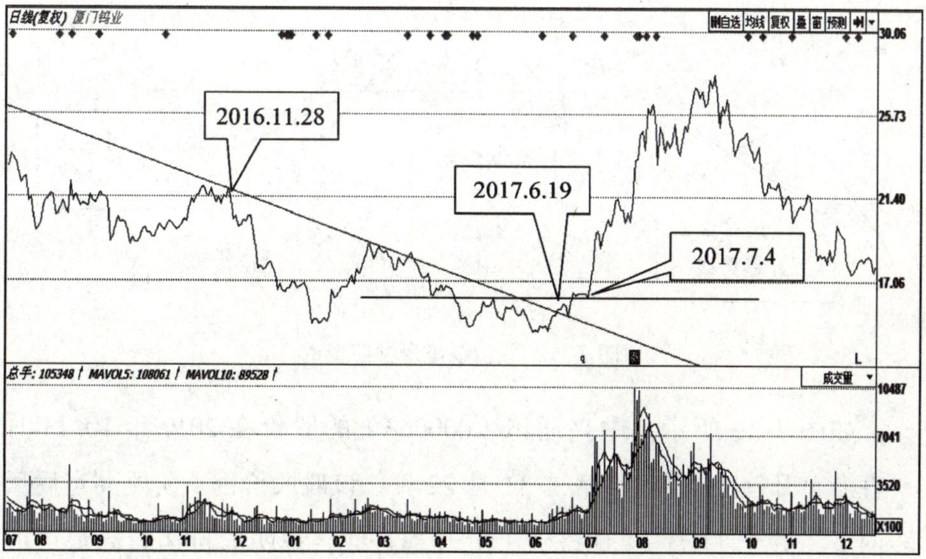

图 7-11　厦门钨业日收盘价线走势图

二、股价突破前期高点或低点

通常，股价对趋势线完成突破后可能出现反向运行趋势。当然，有些反向趋势又会很快结束。当这种反向趋势结束时，往往意味着股价将展开新一轮的上涨或下跌。

1. 股价向下突破上升趋势线

股价处于牛市行情中，某一交易日股价跌破上升趋势线后，若股价反弹，但仍未上升到趋势线上方，而再度回调时却跌破了前一个回调低点，则意味着新的下跌行情已经开启，投资者宜执行清仓操作，如图 7-12 所示。

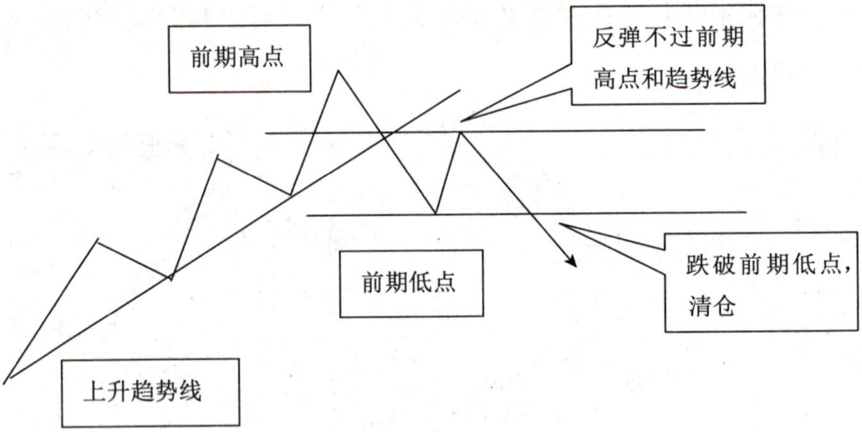

图 7-12 股价跌破反弹前低点

如图 7-13 所示，中兴通讯（000063）的股价在 2017 年 10~11 月一直沿上升趋势线震荡上涨。11 月 22 日，该股股价创下阶段高点后反转向下，并于 11 月 24 日跌破了上升趋势线，说明股价运行趋势可能发生改变，投资者宜执行清仓或减仓操作。

11 月 30 日，该股股价在下跌至阶段低点后反弹，并于 12 月 14 日形成一个新的反弹高点，不过此高点仍低于 11 月 22 日的高点，这说明股价趋势转为下跌的概率很大。此后，该股股价表现为震荡走势，并于 2018 年 1 月 29 日跌破了 2017 年 11 月 30 日的低点，这说明新的一波下跌行情来临，仍持股的投资者宜执行清仓操作。

2. 股价向上突破下降趋势线

股价处于熊市行情中，某一交易日股价向上突破下降趋势线后，若股价回调向下，但仍未跌到趋势线下方，而再度反弹时突破了前一反弹高点，则意味着新的上涨行情已经开启，投资者宜执行加仓操作，如图 7-14 所示。

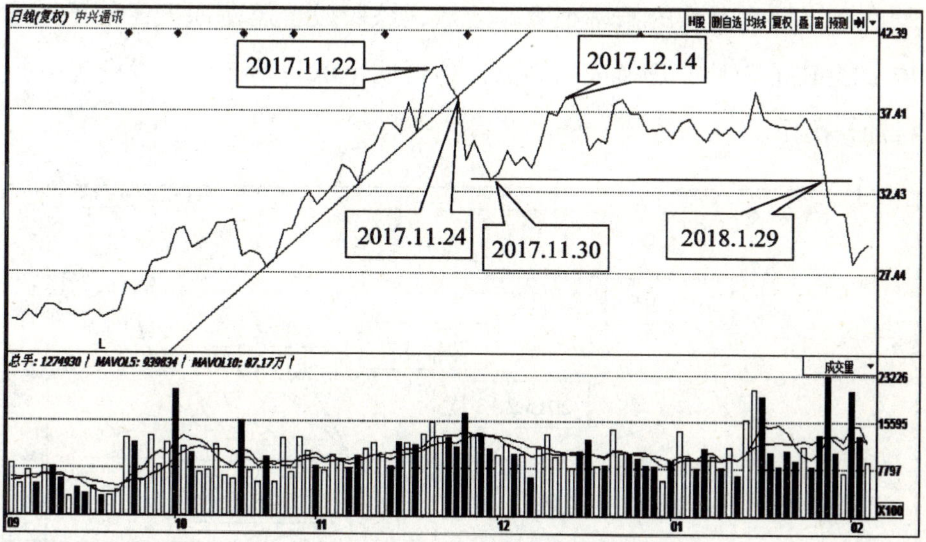

图 7–13　中兴通讯日收盘价线走势图

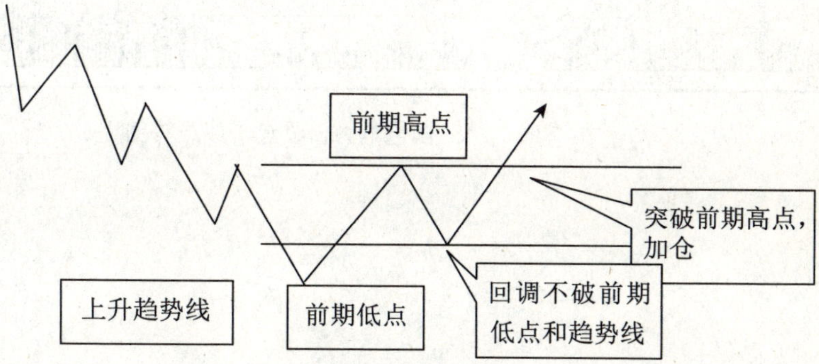

图 7–14　股价突破回调前高点

如图 7–15 所示，国电电力（600795）的股价在 2015 年 1 月初沿下降趋势线震荡下跌。2 月 9 日，该股股价创下阶段低点后反弹，并于 2 月 13 日突破了下降趋势线，这说明股价运行趋势可能改变，投资者宜执行建仓操作。

3 月 2 日，该股股价在反弹至阶段高点后回调向下，并于 3 月 5 日形成一个新的回调低点，不过此低点仍高于 2 月 9 日的低点，这说明股价趋势转为上涨的概率很大。之后，该股股价震荡向上，并于3月17日突破了3月2日形成的高点，这说明上涨行情来临，投资者可执行加仓操作。

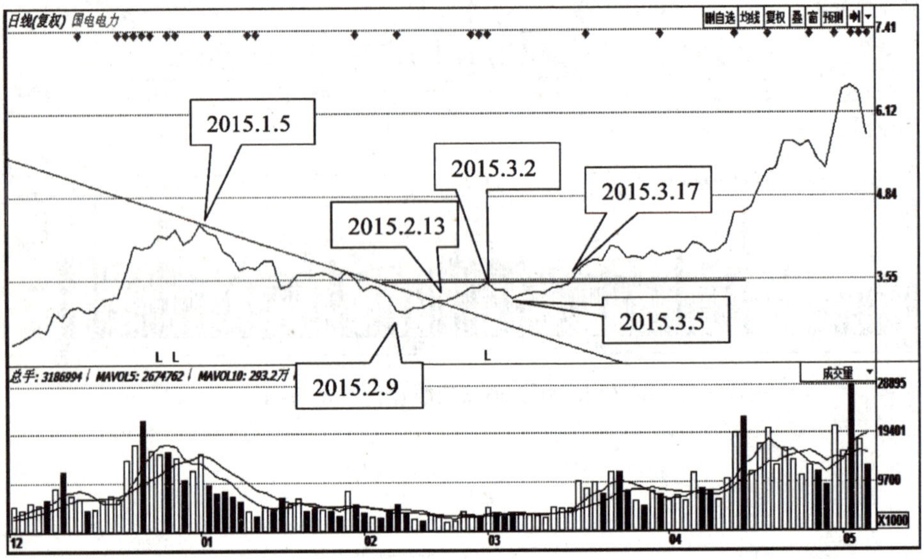

图7-15 国电电力日收盘价线走势图

第八章
选股与投机技巧

本章将重点介绍查尔斯·道与汉密尔顿所推崇的符合道氏理论的选股方法以及投机方法。

第一节 价值投资与道氏趋势交易

价值投资与趋势交易是目前最主要的两种投资理念。很多人将两者看作势同水火的分析方法，事实上，两者不仅不相斥，而且可以融合。

一、价值投资

价值投资是以股票内在价值为基础的投资交易体系。该理论认为，股价的波动都是围绕股票的内在价值展开的，随着外围环境的变化，股价有时会高于内在价值，有时会低于内在价值，整体上看，股价终会回归内在价值。在价值投资理论体系内，投资者需要将自己真正地视为企业的投资者（所有者），并且有长期持股的打算，一般需持股5年以上。

价值投资理论关注的基本点包括以下两方面。

第一，股票的内在价值。这是投资者进行投资活动的基本出发点。当然，这里所说的内在价值不仅仅指股票的净资产等财务方面的价值，还包括了企业的商誉、企业的竞争优势等能够帮助企业获得额外利益的因素。

第二，股票的投资价值。当前股价与股票内在价值的对比情况如何。内在价值高的股票并不一定具有投资价值，因为股价可能已经被炒上了天。只有当股价低于其内在价值时，才具有投资价值。其实，回头看看A股市场就会发现，在市场上内在价值高的股票并不多，而且大多数股价已经被炒到了很高的水平，投资者想再寻找具有投资价值的股票异常困难。

以海天味业（603288）为例，海天味业是一家专注于调味品生产的企业，其生产的酱油、调味酱、蚝油等产品在市场上具有很高的知名度和美誉度，也占有相当大的市场份额。由于该公司所处的调味品行业与每个家庭的日常生活息息相关，所以其业绩的成长性较高。最近几年，海天味业的净资产收益率都在30%以上，净利润增长率平均在20%左右，这说明其极具成长性，并且有较高的内在价值。

如图8–1所示，海天味业的股价自2016年12月底启动上涨，到2018年3月21日，该股股价达到每股59.71元的高位。也就是说，该股股价在一年多的时间里翻了一番还多。

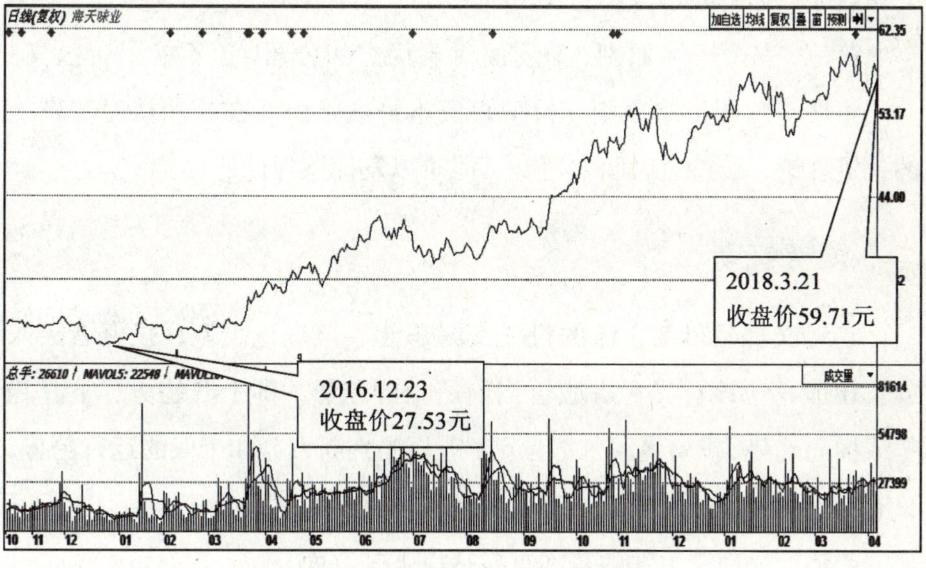

图8–1　海天味业日收盘价线走势图

投资者看到这只股票已经上涨至较高的位置时还应不应该买入呢？从价值投资理论的角度看，投资者是不应该看股价是不是已经上涨到了高位的，而是要看此时股价相对于该股的内在价值是高还是低。

假如到 2018 年 3 月底，该股的内在价值在每股 80 元以上，那么投资者应该买入。

站在价值投资的角度看，无论股价处于上升趋势还是下跌趋势，只要股价低于股票的内在价值，投资者就应坚决买入，反之则不应该买入。当然，评估一只股票的内在价值并不是静态的，而是要站在更高、更远的位置，根据行业及企业未来发展趋势，结合当前竞争优势和财务数据情况综合判断。

价值投资理论要求投资者做到四点。

第一，具有显著的竞争优势。

第二，具有稳定而强劲的现金流，借助现金流数据可以轻易识别公司财务数据中的水分。

第三，安全边际原则，即使面对再优秀的公司，也不能出价过高。

第四，长期持有原则。价值投资本身就是建立在长期持有基础上的投资理论，若持有时间太短，可能难以发挥该理论的优势。

二、趋势交易

趋势交易是目前主流的投资交易思想。该理论强调，投资者买入或卖出股票应该首先考虑股价当前所处的趋势，即上升趋势、下降趋势或横向趋势。投资者买入股票前，需要先判断大盘和个股的运行趋势，只有大盘和个股处于上升趋势，才是入场交易的时机。

趋势交易理论关注的基本点包括以下三方面。

第一，大盘所处的趋势。大盘的运行趋势是个股交易获利的保证。当大盘处于上升趋势，至少应该是横盘趋势，才是操作个股的机会。当大盘处于下跌趋势时，投资者不应入场交易。

第二，个股所处的趋势。在大盘满足操作个股要求的前提下，投资者所选的个股也需要处于上升趋势，也就是通常所说的追涨杀跌。当然，这并不是说，只要个股处于上升趋势就可以执行买入操作，还要考虑个股当期处于上升趋势的哪个阶段，只有处于上升趋势初期的个股才是良好的交易标的；反之，若个股已经处于上升趋势的尾声，投资者入场则有被套牢的风险。

第三，抛开不具有内在价值的垃圾股。尽管趋势交易对个股质地要求不高，投资者也要尽量回避那些基本面极差或者存在退市隐患的个股。

其实，无论何种投资理念，保护好资金、确保资金安全永远是第一位。宁可错过，也不要做错。股市中的机会天天都有，但你手中的资金不见得天天都有。

以康缘药业（600557）为例，该公司从事中医药产品研发与生产，其中药产品 50 余种，拥有 13 个国家批准的新药证书，主导产品桂枝茯苓胶囊被国家科技部作为中药现代化示范项目。近几年，该公司净资产收益率都在 10% 以上，净利润增长率相对于前几年有所回落，这说明该股具有一定的成长性，但也可能存在增长乏力的问题。

如图 8–2 所示，康缘药业的股价自 2015 年上半年开始随着大盘的上升而大幅上攻，到 2015 年 6 月 11 日，该股股价达到每股 33.21 元后开始震荡下跌。2015 年 6 月 18 日，该股收盘价线跌破了上升趋势线，说明该股股价已经进入空头格局。从趋势交易的角度考虑，该股未来下跌的概率远远大于上涨的概率，投资者宜执行卖出操作。

对比图 8–1 和图 8–2 可以看出，价值投资对股价运行趋势关注很少，只考虑股票是否具备投资价值；趋势交易对股票的内在价值关注很少，更看重股价在未来一段时间内能否上涨。

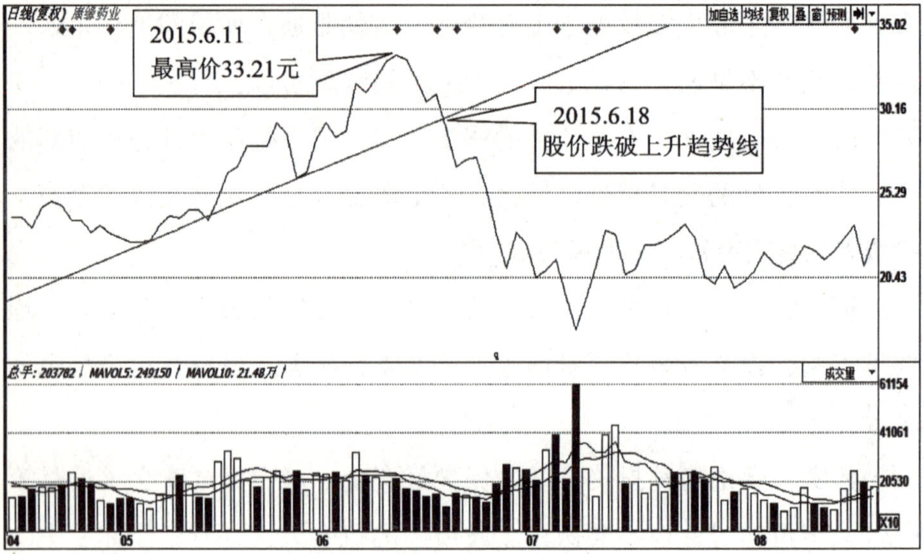

图 8-2 康缘药业日收盘价线走势图

三、价值投资与趋势交易的平衡

提到道氏理论，很多人将其单纯地看作一种趋势交易技术。其实，通过将道氏理论中的趋势交易技术与价值投资相结合，可以更好地发挥道氏理论的价值和作用。不过，价值投资并不适合每个投资者。

首先，作为股市中的散户，掌握的信息非常有限，而且很难真正地深入企业调研，这就非常不利于对股票价值的评估。换句话说，我们连个股真实的价值都不知道，又如何做价值投资呢？

其次，大部分散户都很难做到十几年甚至几十年如一日地持有一只股票。价值投资理论需要投资者像真正的公司所有者一样对看待公司，因为你不可能今天买入一家公司明天就卖出，公司获利自然需要时间，而这个时间却是大多数散户等不起的。当然这里还有一个值不值得等的问题。在很多散户眼中，可能大多数公司并不具备让自己等十几年的价值和意义。

这并不是说投资者应该抛弃价值投资，而是需要在 A 股市场上灵活地运用价值投资的原则，再借助趋势交易的方法，实现中短期投资获利。也就是说，投资者最好能够利用价值投资的理论和原则筛选个股，找到那些具备投资价值的股票，然后再参考该股走势的趋势形态，判断该股所处的趋势阶段。当一只具备较高内在价值的股票正处于上涨趋势的初期或者刚刚经历了大跌后重新上涨时，往往就是投资者介入的良机。

很多投资者担心这些质地优良的股票的价格总是高高在上，怕自己没有机会买入。其实，这种担心大可不必，毕竟个股的走势常受制于大盘，当大盘暴跌时，即使再好的个股也有被资金错杀的风险，而当投资者从这种恐慌中走出来时，往往就是这些个股上涨的黄金时段。

如图 8–3 所示，上证指数自 2015 年 6 月 12 日到达 5166.35 点高位后，立即反转向下，连续暴跌，各路资金争相出逃，导致大盘持续走低。此时，无论是质地优良的成长股还是垃圾股都无一幸免地暴跌。

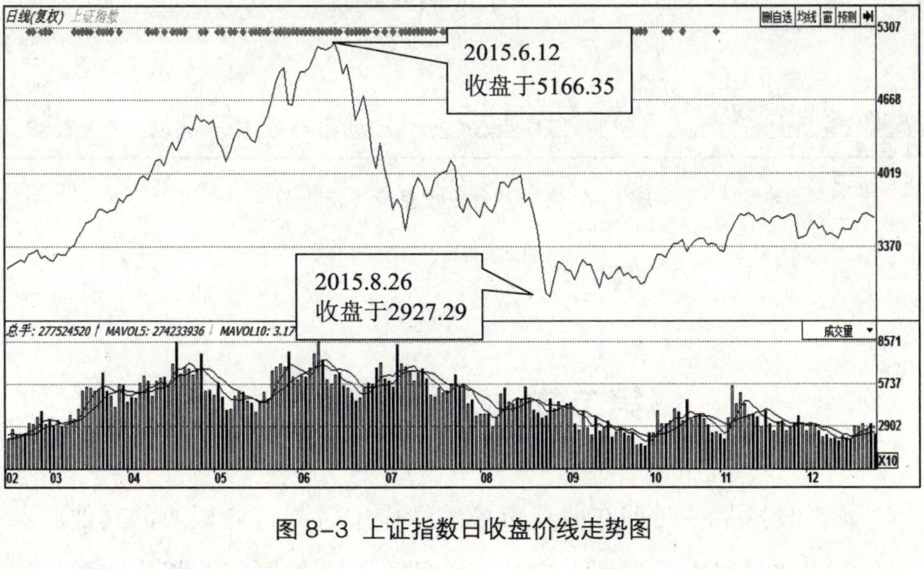

图 8–3 上证指数日收盘价线走势图

前文曾多次提及贵州茅台(600519),它是A股市场上的绩优股标杆，具备高成长性，但它也不是没有给其他投资者买入的机会。如图8-4所示，自2015年6月中旬大盘暴跌起，贵州茅台的股价也从最高点的每股232.82元（复权价）下跌至每股145.68元（复权价），跌幅超过35%。其后，该股股价K线很快向上突破，并重新开始连续上涨。其实，该股2015年下半年的下跌对偏好价值投资的投资者来说就是一个极佳的买入时机。

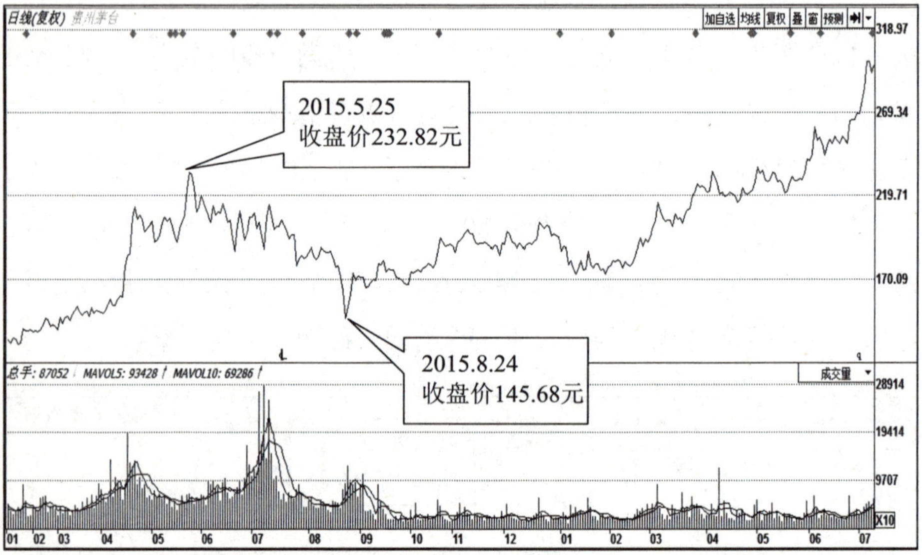

图8-4 贵州茅台日收盘价线走势图

第二节 龙头股与牛市

龙头股指某一时期在股票市场的炒作中对同行业板块的其他股票具有影响和号召力的股票，它的涨跌往往对其他同行业板块股票的涨跌起引导和示范作用。股市中，龙头股一直以来都是大家追捧的对象。在《股市晴雨表》一书中，有一段查尔斯·道关于龙头股的论述："市场总是或多或少地被人为操控。加大资金规模的交易员为了寻求市场平均指数的上涨，他并不是买入所有的股票，而是通过合法地购买或操纵两三只龙头股来达成自己的目标。然后他会关注其他股票的反应。如果市场的态度是牛市，人们一看到几只龙头股开始上涨就立即买入其他股票并愿意持有，那么市场将会涨得更高。这就是公众的反应，它预示着龙头股将持续上涨，而整个市场将紧随其后。"

一、龙头股的基本特征

大家需要注意一点，查尔斯·道所论述的龙头股和我们常常提到的龙头股有所不同。查尔斯·道所说的龙头股是那些对整个股市或某一板块都有着举足轻重的作用的股票，这些股票之所以成为龙头股是由其自身条件决定的，而非外力推动。通常情况下，这些龙头股具有三个显著的特征。

第一，股本量较大且为构成指数的权重股。通常情况下，只有那些业绩优良、股本量较大的公司发行的股票才可能成为龙头股。

第二，个股的走势在一定程度上能够对整个市场的平均指数启动产生一定的带动作用。其实，只有那些交易活跃且占平均指数权重较大的股票才具有这一特征。

第三，公司在业内具有较大的影响力，并且多为行业内的标杆。

按照查尔斯·道的理论，在 A 股市场上，对上证指数来说，最著名的几只龙头股非中石油、工商银行莫属。其实，很多次暴跌中，汇金公司也多是通过大量购入中石油、工商银行等股票带领大盘走出低谷。例如，2015 年下半年，上证指数直接从 5178.19 点暴跌至

2850.71 点，当时市场人心涣散，投资者信心崩塌。为了稳定股市，汇金公司入场救市。汇金公司不可能买入市场上所有的股票，只能选择龙头股执行买入操作，通过买入龙头股引领指数，并拉动股市反弹。当时，汇金公司买入的主要是银行股，其中以工商银行为主。

如图 8-5 所示，自 2015 年 6 月中旬开始，工商银行（601398）的股价随着大盘暴跌，股价与成交量双双走低。但从 2015 年 8 月 26 日开始，汇金公司连续大幅增持工商银行等银行股。同时，汇金公司的增持提升了投资者对股市的信心，纷纷入场买入股票，进而促使整个上证指数触底回升，如图 8-6 所示。

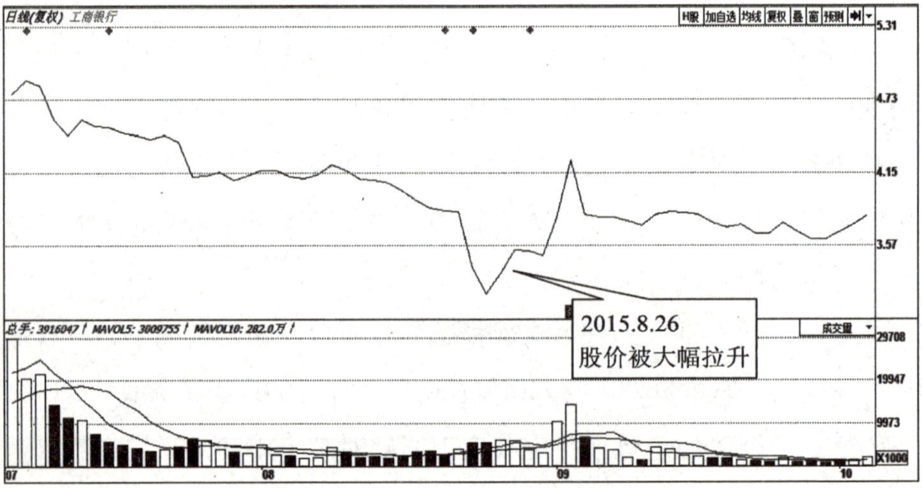

图 8-5 工商银行日收盘价线走势图

2015 年 8 月 26 日，工商银行的股价开始被大幅拉升，上证指数反映并不积极，相比上一交易日虽有止跌企稳迹象，但仍未出现反弹走势。8 月 27 日，在工商银行的带领下，越来越多的投资者涌入市场，开始推动上证指数走出反弹格局。由此可见，在这一波反弹走势中，以工商银行为代表的银行股就是带动整个股市的龙头股。这些龙头股的走势在某些程度上反映了整个股市的走向。

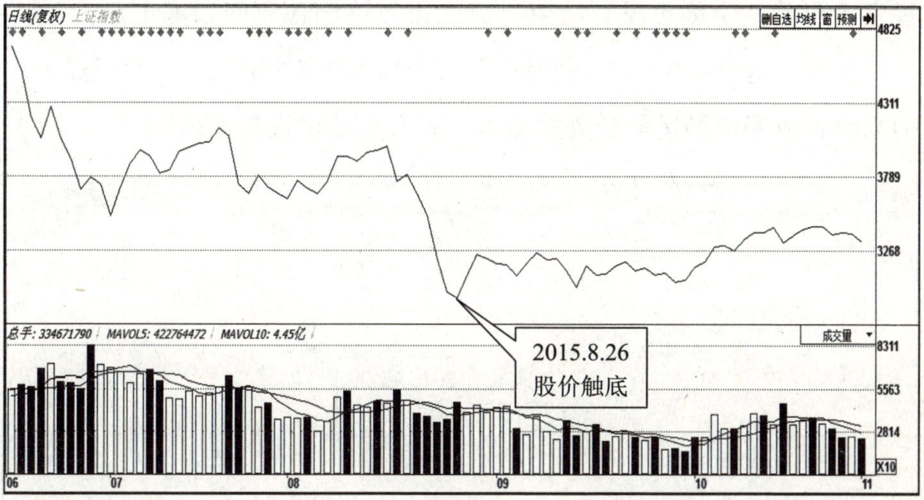

图 8-6 上证指数日收盘价线走势图

二、拉升龙头股与牛熊市

尽管主力可以通过动用大量资金买入龙头股推动平均价格指数走高，但这并不意味着这些主力资金可以人为地造出一个牛市。前面已经介绍过查尔斯·道的论述，也就是说，主力在拉升龙头股之后，只有市场上的大多数投资者认可这种局面，市场才可能真的迎来牛市；反之，若市场上的投资者并不认可这种牛市，市场很快就会恢复熊市的格局。

再来看看 2015 年 8 月底的那次拉升龙头股的行动，如图 8-7 所示，上证指数在工商银行的带领下，从 2015 年 8 月 26 日开始启动了一波小幅上涨走势。不过，这波上涨走势持续时间并不长，且涨幅有限。2015 年 12 月 22 日，上证指数达到短期高点后又开始了一轮下跌。这说明先前的市场反弹只是熊市行情中的一次次级运动，也说明再大的资金量也无法撼动或改变整个市场的运动趋势。大机构资金通过介入龙头股的方式，虽然短期内能够促成市场的反弹，但若整个市场的投资者仍然认定熊市没有结束，那么市场终归还要回归熊市。

其实，这也从另一方面印证了道氏理论之前的定论：主力很强大，但未具备改变市场运行趋势的能力。只有市场永远是正确的。

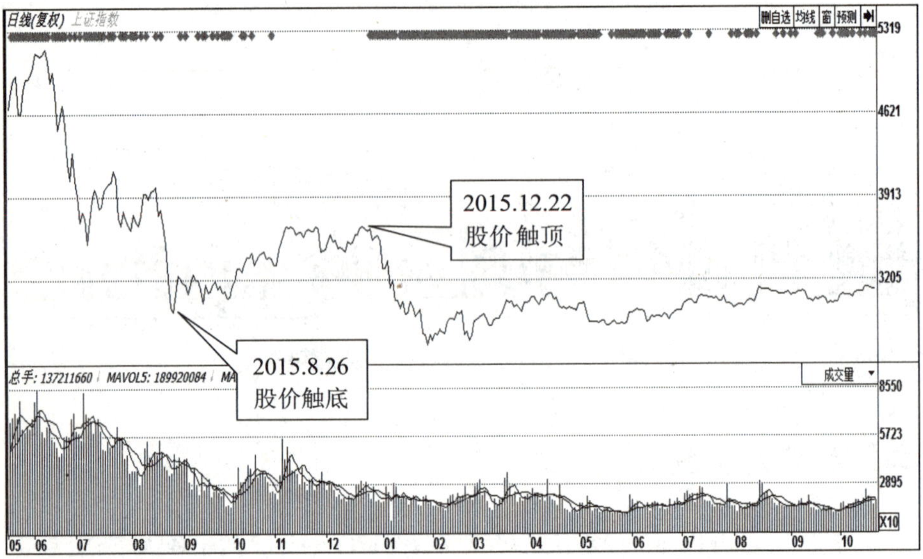

图 8-7 上证指数日收盘价线走势图

第三节 股市投机技巧

查尔斯·道在他所写的文章中很少提到股市投机的内容，我们只能从只言片语中了解他对股市投机的基本观点和态度。

一、在上升趋势中买入股票

很多投资者热衷于提前预判股价可能迎来的上涨。他们学习道氏理论或其他股市分析技术的目的不是找出主要的上升趋势，而是想要在上升趋势到来前买入。之所以做出这样的选择，是因为股市的上升趋势确认时往往已有较大幅度的上升，而若能提前判断则可获利更多。正因如此，他们经常会在熊市次级反弹中买入股票，并被套牢于“半山腰”。汉密尔顿曾经这样告诫投资者：“在价格上升之后加仓，比在价格下跌之后买进要好很多。”

其实，在价格下跌之后买入和在价格上升之后买入两种选择模式，用现在的术语来说就是选择左侧交易模式还是右侧交易模式。

左侧交易与右侧交易是股市中常见的两种交易模式，如图 8–8 所示。左侧交易指在一个操作周期内，在股价下跌至波谷前买入股票，并在股价上涨至高峰前卖出的交易模式；右侧交易指在一个操作周期内，在股价走出波谷后买入股票，并在股价顶部形成后卖出股票的交易模式。

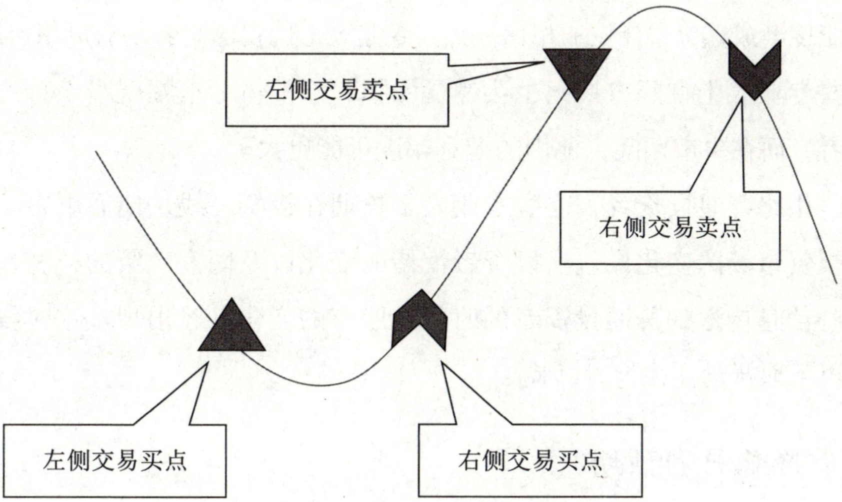

图 8–8　左侧交易与右侧交易

左侧交易模式强调对股价预判的及时性，即尽量做到在最低点买入，在最高点卖出；右侧交易模式强调对股价真实运行趋势的确认，即当股价趋势走出低谷时买入，在股价顶部已经形成时卖出。

二、专业人士更容易盈利

相对普通投资者而言，专业投资者拥有更丰富的知识和经验，同时，他们获得的信息也是普通投资者无法比拟的。正因如此，这些专业人士的投资更容易盈利。对此，汉密尔顿曾经说：“从长期角度来看，投机就像其他事情一样，专业人士总是比普通投资者更常盈利。”

这一简单而容易理解的尝试在股市中却并不为大多数投资者所接受。事实上，很多投资者都更加相信自己的判断，而非专业人士。特别是在牛市行情期间，各路民间股神交替出现，一些投资者手中的股票出现了大额利润后便觉得可以自称股神了，然而接踵而至的熊市会让这些自我感觉良好的股神恢复一些理智与清醒。

一般而言，经历了一轮大牛市与大熊市的洗礼之后，很多投资者才能逐渐成熟，才会更加相信一点：专业人士比自己更容易获利。当然，这些专业人士在熊市期间也会遭受亏损，但整体亏损幅度小于普通投资者，而在牛市期间，他们的盈利幅度可能更大。

相比普通投资者，这些专业人士长期在投资一线，他们更容易感知投资市场的变化，包括投资者情绪的变化以及国家政策的调整，而这些信息传送到普通投资者的时候，股市的变化已经出现。这时投资者再采取行动往往为时已晚。

三、降低盈利预期

查尔斯·道在其撰写的一篇关于股市投机的文章中说：“如果人们拥有大额或小额的资金，应该尝试通过股票交易获得每年12%的资本收益，而不是每周50%，长远来看这样的结果会好得多。”当人们将盈利目标设定在相对较低的水平时，就会优先考虑本金的安全，而后再徐图获利，反过来，当人们追逐短期高收益时，必然会将资金放置在一个非常大的环境中。

尽管所有投资大师都这样告诫投资者，但一夜暴富仍是很多人对股市的认识，带着这种想法进入股市的人往往会大失所望，因为股市确实不是一个可以一夜暴富的场所。

想法决定行为。一个人如果将一夜暴富的想法带入股市，那么为了高额收益，必将冒巨大的风险，这就导致其很难做出科学、合理、安全的投资选择。被大家尊称为股神的巴菲特，从事投资行业40年，年均收益率也没有超过25%，但是股神之所以为股神，是因为他的盈利增长是持续的。当然，也许在某段时间，你的收益率比巴菲特高，那是因为你冒了相当大的风险，你可能在几天内收益率达到50%，也可能在接下来的几天亏损超过80%。投资者如果想在股市中长久生存下去，赚更多的钱，最重要的一点便是摒弃一夜暴富的想法。

2015年6~8月，股市大幅调整，让很多梦想一夜暴富的人经历了资产的大规模缩水。其实，仔细想来，如果他们当初没有一夜暴富的想法，不去杠杆融资，安安稳稳地用自己的钱操作，设置好止盈位和止损位，从股市中全身而退或者小亏式撤退并不难。事实上，很多经历过2008年股市下跌的老股民确实做到了全身而退。

如图8-9所示，上证指数从2014年到2015年6月初的大牛市成就了很多人的造富神话，一时间很多人开始憧憬股市重新站上6124点（2007年大牛市最高点位），甚至高喊冲上一万点的口号。于是，很多投资者开始了不切实际的赌徒式交易，即为了短期内追求高收益放大资金杠杆，从5倍到10倍。其实，当资金杠杆到10倍的时候，也就意味着股价只要下跌10%，自己所投入的本金就将血本无归。然而，在当时的狂热投机浪潮中，很多投资者似乎已经忘记还有下跌这回事儿，于是，股市暴跌开始不久，爆仓潮如期而至。

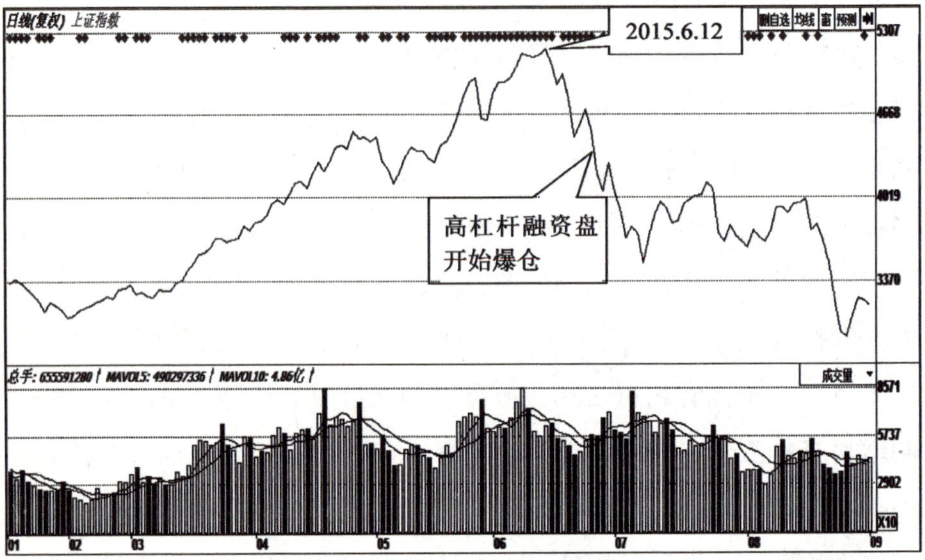

图 8-9 上证指数日收盘价线走势图

四、新股与次新股交易

新股和次新股指那些上市时间很短的、大部分股票仍掌握在公司决策者手中的股票。这类股票由于没有历史套牢盘，拉升相对容易，很容易成为机构炒作的对象。但是，这类股票有一个与生俱来的缺陷，就是其流通筹码较少，公司决策者握有的大量筹码随时会对股价造成巨大的压力。汉密尔顿在《股市晴雨表》中曾给出这样的建议："如果有一只股票还没有形成自己成熟稳定的市场，比如这是一只新发行的股票，或者说大部分股份掌握在公司决策者手中，那么小的投机客不要在这种股票上用保证金进行交易。小散户在市场中投机时，不要在这样的股票上下太大的赌注。"

回顾一些新股的走势就会发现，汉密尔顿的建议极其明智。在A股市场上，由于新发的股票属于稀缺商品，往往会被大肆炒作，而这种炒作无一例外地会使股价严重偏离其真实价值，其后，股价必然有修复的过程。

以工业富联（全称富士康工业互联网股份有限公司）为例，该公司是全球领先的通信网络设备、云服务设备、精密工具及工业机器人专业设计制造服务商，为客户提供以工业互联网平台为核心的新形态电子设备产品智能制造服务。该公司为独角兽公司的代表之一，上市后一度被各路资本看好。但是，其上市后的股价表现并不能令人满意。

如图8–10所示，工业富联（601138）自2018年6月8日上市后，一路涨停至6月12日。相比于其他新股，工业富联的涨停板偏少，这与其资本量大有直接关系。自6月13日涨停板被打开后，该股股价一路震荡下跌。从该股上市后的走势可以看出，作为普通投资者，若入场买入这类新股，最终的结局只能是被套牢。

其实，工业富联的走势基本是新股上市后一段时间内走势的真实写照。大多数新股上市后往往会出现一波涨停浪潮，这与股票稀缺有直接关系；其后，股票的涨停板被打开后，往往会出现一波股价修复走势，即下跌行情。至于新股的下跌行情持续多久，这与股票本身的股本量、发行市盈率以及公司决策层的持股量都有密切的关系。若公司决策层持有大量的股票，那就很少有资金在这个时候进驻，成为公司决策层出货的接盘者。毕竟这些公司决策层手中股票的成本极低。

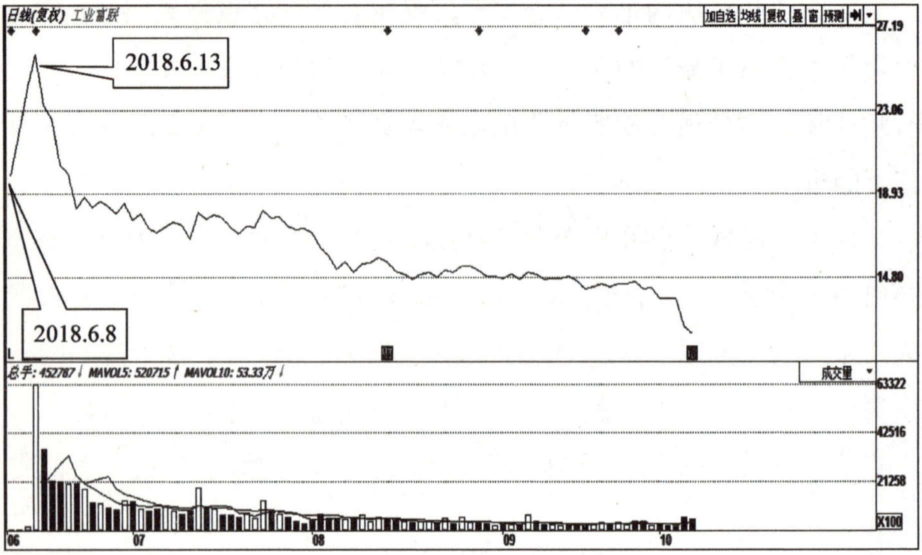

图 8-10 工业富联日收盘价线走势图

第四节 板块轮动与投资组合

前面曾讲到，在查尔斯·道的眼中，他研究出的一系列分析理论和方法并不是用来分析和预测个股走势的，而是用来预测和分析整个股市，乃至整个国民经济运行情况的。换句话说，股市本身就与国民经济的运行态势密不可分。正因如此，作为普通投资者，在研究和分析股市时，必须首先了解整个国民经济运行情况，以及与之相对应的各个板块轮动情况，为投资活动提供参考。

板块轮动指股票市场上各大板块之间出现的交替推动大盘上涨的情况。通常情况下，大盘的上涨都是由资金的持续流入引领的。大盘上涨多是由于市场上的资金集中流入某一类或几类板块而引发的，板块轮动则是资金流入的对象从某一板块转向了另一板块。板块轮动一方面受宏观经济面的影响，另一方面受非宏观经济面的影响，包括受国际政治或贸易关系、国家政策或规划等方面的影响。

一、宏观经济面影响的板块轮动

宏观经济面影响的板块轮动，从某种意义上说，可能对整个股市的涨跌产生重要的影响。换句话说，整个宏观经济面情况、股市大趋势以及特定轮动板块之间存在密不可分的关系。

1. 受宏观经济面影响的板块轮动顺序

受宏观经济面影响的板块轮动一般会遵守一定的秩序。我们可以大致将宏观经济形势划分成四个阶段，如图 8-11 所示。

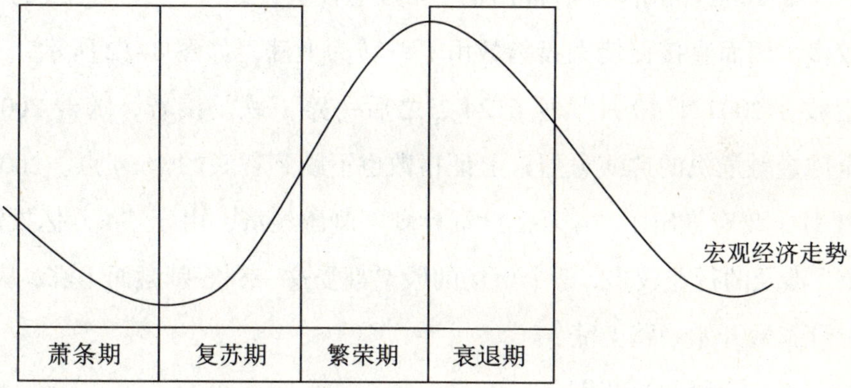

图 8-11　宏观经济走势的四个典型阶段

第一阶段，萧条期。

国民经济连续衰退已经使很多投资者对股市丧失信心，因而无论是大盘的指数点位还是整体的成交量都处于历史低点。当然，其间也会出现一些标志性的对股市非常不利的事件，但大家要清楚，这些事件不过是为股市的下跌提供了一个契机，没有这些事件，股市也会跌下去，只是可能下跌的速度慢一些。在萧条期，政府为了刺激经济、提振投资者的信心，也会发布的一些利好政策，不过这些政策的影响力通常不大，很难改变股市的整体运行趋势。这时一些快速消费品和医疗医药板块就会成为避险资金的首选。毕竟无论经济如何不振，老百姓还是要吃喝的，有病了还是要看病的。其实，这也是很多大消费板块的股票能够在熊市逆市创新高的原因。

在衰退期的末端，政府为了提振经济可能会发布一些有关基础设施建设的规划，毕竟这些大工程与国民经济的各个行业都有关联。一旦这些规划启动，基建工程、水泥、钢铁等板块将率先受益，从而推动股市走出低谷。

如 2008 年我国政府推出的“4 万亿投资计划”，由于涉及的行业较多，因而直接促使大盘指数由下跌转为上涨。如图 8-12 所示，上证指数在 2007 年 10 月见顶 6124 点之后一路下跌。接着，随着 2008 年全球金融危机的愈演愈烈，上证指数也下跌到谷底的 1664 点。2008 年 11 月，政府推出了“4 万亿投资计划”刺激经济，由于“4 万亿投资计划”涉及的行业较多，整个市场的股票都受这一利好刺激而上涨，从此，上证指数开始一路上涨。

第二阶段，复苏期。

随着大基建、大工程项目的启动，国民经济将走出低谷，而投资者信心也会随之恢复，工业、建材、金融、金属、能源、机械等板块将起到引领大盘上攻的作用。通常所说的“煤飞色舞”指的就是这一阶段。由于这些股票在整个股市中所占的权重极大，其一旦启动上涨，整个大盘将会全面上攻。这也会促使投资者恢复对股市的信心，于是就会有越来越多的投资者入场。“A 股每周新增开户数”是一个非常有参考性的指标。该指标连续上升时，说明越来越多的新股民入市，带来了更多的增量资金，市场做多气氛较浓，反之则说明市场较为冷淡。

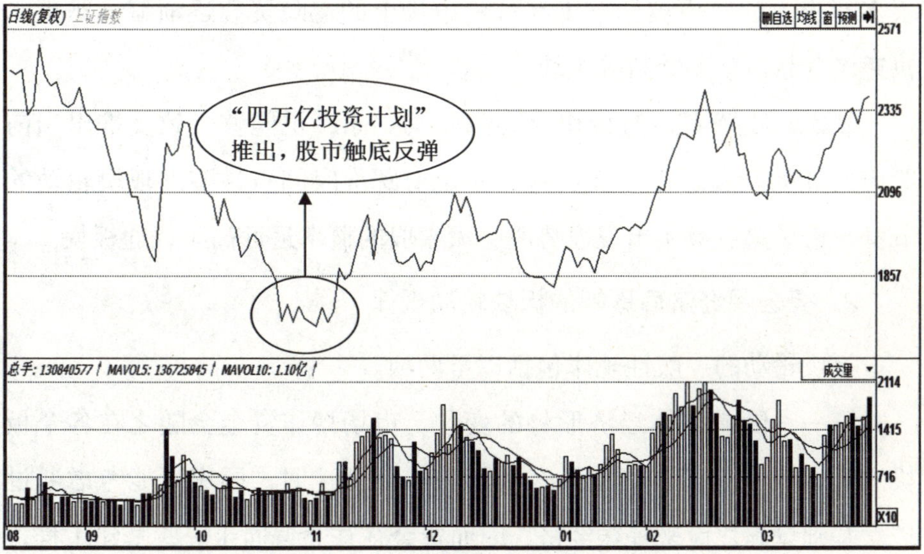

图 8–12 上证指数日收盘价线走势图

第三阶段，繁荣期。

随着国民经济趋于稳定和繁荣，越来越多的投资者进入市场，同时带来了更多的资金。市场的热点板块将会转向房地产、汽车、金融、投资品、消费品等板块。当然，这时，可能是市场整体上扬的阶段，越来越多的资金将低价股消灭殆尽，新的“A 股第一高价股”将刷新历史高点。回顾 A 股历史就能发现，几乎每波大行情都会有一只“第一高价股”诞生，如中国船舶、全通教育、贵州茅台。

随着市场炒作热情的不断升温，越来越多的股票价格严重偏离了其内在价值。这时，危机也就不断地显现出来。

第四阶段，衰退期。

在经济繁荣的背后往往酝酿着新的隐患，特别是一些当时刺激经济的政策产生的副作用，可能会在这个阶段爆发。股市也会同步出现这种状况。随着股市最后一波上攻的结束，市场迎来了惨烈的杀跌，很多新进入的散户被套牢于高位。市场上的避险资金逐渐流入酒类、快速消费品、食品饮料等板块。

其实，投资者通过板块之间的轮动关系，也能够大致反推出当前股市所处的阶段。作为投资者，一定要踩准时间点，踏准板块轮动的节奏。市场热点板块出现强势股、大牛股的概率远远高于普通板块。

2. 受宏观经济面影响的板块轮动规律

板块轮动的一般性规律包括以下两项。

第一，随着整体经济形势的变化，市场炒作资金会随之在各个板块之间轮动。例如，当整体经济形势长期低迷时，国家可能考虑通过扩大基础设施建设来提振经济，因而资金往往会偏向于一些基建工程、钢铁类股票；当经济形势向好时，一些消费升级类板块将受到资金的偏爱。

第二，板块轮动受宏观经济影响，会呈现出有序的轮动，但又不会按照标准的顺序轮动。长线投资者可根据股市和宏观经济情况提前进驻相关板块，而喜欢进行短线强势股操作的投资者应该在股价已经启动时再追涨介入。

二、非宏观经济面影响的板块轮动

除了受宏观经济面影响的板块轮动，在股市交易过程中，几乎每隔一段时间都会有一个或几个受资金关注的板块。当然，这些板块的轮动并不会按照一定的秩序进行。可能国家出台某项规划，就会引发某一板块被资金热炒。

例如，2017 年 4 月 1 日，在雄县、容城、安新以及周边地区设立“雄安新区”的这一政策引爆了所有与其有关的行业和板块，一时间“雄安概念”风头无二。

由于雄安新区被定位为国家级新区，势必有大量配套基础设施需要完善，大量工程需要兴建。作为区域内的水泥供应商，金隅股份必将获益巨大，因此，该规划发布后，金隅股份的股价一飞冲天。

如图 8–13 所示，金隅股份（601992）的股价自 2017 年 2 月 22 日到达阶段高点后出现回调走势，其后，该股股价一直呈横盘震荡态势。随着横盘的持续，该股的成交量逐渐萎缩，且股价呈线态窄幅盘整态势，这说明该股正在选择突破的方向。

2017 年 4 月 5 日（因清明假期，1~4 日均不开盘交易），该股股价在设立“雄安新区”这一利好消息的刺激下直接以一字板封涨停，其后更是连续拉出 7 个涨停板，由此可见，该消息对股价提振作用之强。

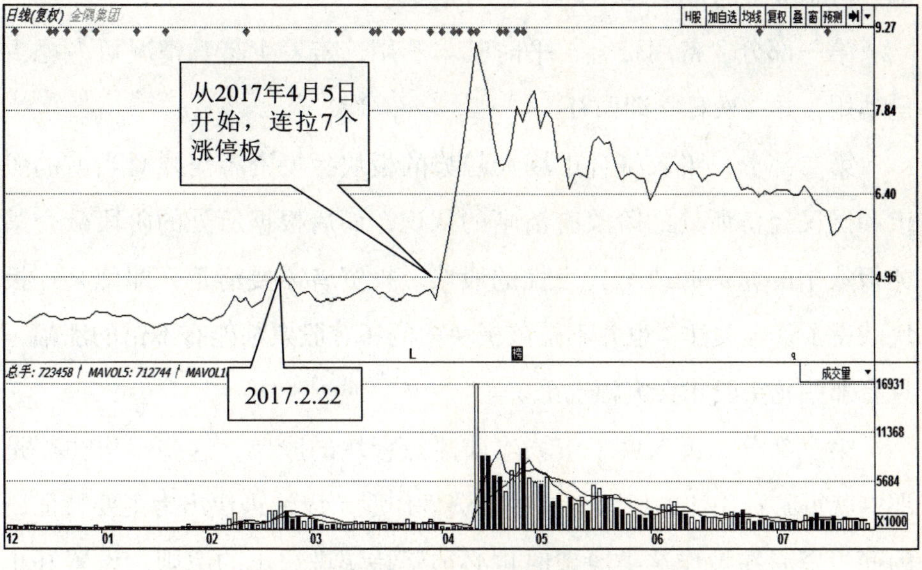

图 8–13　金隅股份日收盘价线走势图

通常在主要板块支撑下，短线的资金会集中炒作当前的热点板块。这些板块之间的轮动要比前面介绍的受宏观经济影响的板块来得快。有的板块热度能够持续几天，有的可能就持续几个小时。前面已经介绍过，大盘的上涨都是由这些涌入热点板块的资金推动的。若热点板块轮动速度过快，则说明当前市场上并没有特别出众的热门板块，资金流入的热情不足，股市处于弱势行情中；反之，市场热门板块较多，且能够持续较长时间，则说明短期内大盘比较安全，投资者可放心介入热门板块。

三、板块轮动与投资组合

作为投资者，在设置投资组合时需要充分考虑板块轮动的情况与资金安全。由于股票交易面临的风险与可能获得的收益都比较大，所以投资者在设置投资组合时，可将投入股市的资金分为三个部分（每部分占总资金的1/3）。

第一部分，备用资金，平时基本不用，若发生特殊情况可考虑少量动用，并在次日立即回补。

第二部分，买入符合市场大趋势的板块。投资者需要对当前的股市和国民经济所处的阶段有清晰的认识，而后根据所处的阶段减仓某类板块中的龙头股或有代表性的股票。投资者需要清楚，即使某一板块获得了资金关注，也并不是该板块内的所有股票都能有不错的涨幅，只有那些龙头股才会大幅上涨。

第三部分，买入属于市场当前热点板块的股票，这些板块往往是那些获得游资关注的股票。这些游资炒作股票以快进快出为主要特征，因而投资者在炒作这类股票时也必须坚持快进快出的原则，设置好止盈位和止损位，不可恋战。